Rainer Volk
Das letzte Urteil

**Zeitgeschichte
im Gespräch
Band 14**

Herausgegeben vom
Institut für Zeitgeschichte

Redaktion:
Bernhard Gotto, Andrea Löw
und Thomas Schlemmer

Das letzte Urteil

Die Medien und der Demjanjuk-Prozess

von
Rainer Volk

Oldenbourg Verlag München 2012

Bibliografische Information der Deutschen Nationalbibliothek
Die Deutsche Nationalbibliothek verzeichnet diese Publikation in der Deutschen Nationalbibliografie; detaillierte bibliografische Daten sind im Internet über http://dnb.d-nb.de abrufbar.

Titelbild: J. Demjanjuk bei seiner Ankunft am Landgericht München II, 3. Mai 2011;
Foto: Thomas Hauzenberger

© 2012 Oldenbourg Wissenschaftsverlag GmbH, München
Rosenheimer Straße 145, D-81671 München
Tel: 089 / 45051-0
www.oldenbourg-verlag.de

Das Werk einschließlich aller Abbildungen ist urheberrechtlich geschützt. Jede Verwertung außerhalb der Grenzen des Urheberrechtsgesetzes ist ohne Zustimmung des Verlages unzulässig und strafbar. Dies gilt insbesondere für Vervielfältigungen, Übersetzungen, Mikroverfilmungen und die Einspeicherung und Bearbeitung in elektronischen Systemen.

Konzept und Herstellung: Karl Dommer
Einbandgestaltung: hauser lacour
Satz: Dr. Rainer Ostermann, München
Druck und Bindung: Grafik+Druck GmbH, München
Dieses Papier ist alterungsbeständig nach DIN/ISO 9706

ISBN 978-3-486-71698-6
eISBN 978-3-486-72112-6

Inhalt

Vorbemerkung 7

I. Gerichte und Geschichte 9
   1. Strafprozesse in der Berichterstattung 9
   2. Demjanjuk – das letzte Glied einer Kette 12
   3. Die Ahnenreihe des Demjanjuk-Verfahrens:
      NSG-Verfahren in der Bundesrepublik 15
   4. Auschwitz-Verfahren und „Dauerwettlauf" –
      wirklich das Ende einer Kette? 19
   5. Lauter letzte Prozesse: Demjanjuk und andere späte
      NSG-Verfahren in der Bundesrepublik 23

II. Von Israel über Cleveland nach München 27
   1. Der juristische Weg: Recht und Politik 27
   2. Der journalistische Weg: Vorboten eines Großereignisses ... 31
   3. 50 Jahre Ludwigsburg – ein Geburtstagsgeschenk für
      die Staatsanwälte? 35
   4. Exkurs: Probleme der Bildberichterstattung 37
   5. Warten auf John D.: Nachrichten über ein Nicht-Ereignis ... 39
   6. Die Ankunft – die Zeit der großen Hintergründe 42

III. Intermezzo – von Personen, Formalien und Orten 46
   1. Allein gegen alle – der Wahlverteidiger und seine Strategie ... 46
   2. Formalien interessieren niemanden – die Medienruhe vor
      dem großen Sturm 51
   3. Sobibór – ein unbekanntes Vernichtungslager 53
   4. Vor den Richtern die Experten – die Fachwelt meldet sich
      zu Wort 57

IV. Vor dem Landgericht München – ein Weltereignis? 61
   1. Vom lästigen Drumherum: Einblick in die Vorbereitungen
      zur Berichterstattung 61
   2. Großereignisse brauchen eine große Logistik 62
   3. Sendeformen und ihre Probleme – kurz, lang, Hintergrund,
      Kommentar 65

Inhalt

    4. Auftakt zum Hauptverfahren – das vorhergesagte Chaos ... 67
    5. Der zweite Tag – die Dinge ordnen sich 72

V. Beweisaufnahme – die Mühen der Ebene 76
    1. Juristen fragen, Historiker antworten nicht 76
    2. Zeugen der Anklage? Die Fragestunden des Verteidigers Busch 81
    3. Die Last der Dokumente – was sich aus Papier herauslesen lässt 84
    4. Allein mit den Akten – die Qual der „Lesestunden" 87
    5. Der vergessene Prozess 89

VI. Plädoyers und Urteil – die finale Verwirrung.............. 94
    1. Zeitspiel – aus den Tiefen der Ebene zum Ende......... 94
    2. Ein Puzzle betrachten – die Plädoyers der Anklage 99
    3. Ein letztes Manifest – die Verteidigung plädiert......... 104

VII. Im Namen des Volkes: Das Urteil und seine Folgen 111
    1. Der Richterspruch – ein Ende mit einer Volte.......... 111
    2. Urteilsberichterstattung und finale Erschöpfung........ 114
    3. Das letzte Urteil? Einige Anzeichen im Jahr 2011........ 119

VIII. Thesen – ein Prozess zwischen Zeitgeschichte, Journalismus und Rechtsprechung 121
    1. „Hitler sells". Die Attraktivität des Grauens............ 121
    2. Der stete Kampf gegen das Weltgeschehen: Zur Konjunktur eines Themas 124
    3. Ein Greis im Nebel. Defizite der Berichterstattung....... 126
    4. Bloß nicht zu scharf werden? Journalismus und Justizkritik................................... 129
    5. Wider die Biologie. Von den Grenzen der Strafverfolgung... 134
    6. Salomonisches Urteil – vom Ende eines Kapitels........ 136

Nachbemerkung..................................... 139

Abkürzungen....................................... 140

Vorbemerkung

Dieses Buch kommt spät im Vergleich zu anderen Werken, die das Demjanjuk-Verfahren zum Thema hatten und bereits im Sommer oder Frühherbst 2011 erschienen sind. Denn auch im Buchgewerbe zählen heutzutage Schnellschüsse; nur so lässt sich Geld verdienen. Doch weshalb über die Sitten in anderen Branchen klagen, wenn die gleiche Tendenz im eigenen Alltag gilt? Auch die Berichterstattung im Radio ist schneller geworden. Unter Kollegen ist von „Quickies" die Rede, wenn es um unmittelbar nach einem Ereignis an die Sender übermittelte Minuten-Berichte geht. Manchmal scheint es, als sei die Zeitspanne zwischen dem Eintreten eines Ereignisses und dem ersten Bericht das wichtigste Qualitätskriterium in dieser besonderen Sportart des Journalismus. Wer das Tempo nicht mitgeht, hat keine Chance, als Reporter zum Einsatz zu kommen. Bei Tageszeitungen ist es nicht viel besser. Der Druck, bis zum Andruck Exklusives fertig gestellt zu haben, ist größer denn je, nicht zuletzt wegen der simpler gewordenen Technik der Übertragung der Artikel an die Heimatredaktion. Auch die Existenzkrise der Printmedien durch den Online-Journalismus trägt zu den veränderten Rahmenbedingungen bei. Ganz zu schweigen von den Kollegen der Nachrichtenagenturen, denen Schnelligkeit bereits vor der Twitter-Ära oberstes Prinzip war. Der Befund, dass sich die Zeit-Umstände geändert haben, führte zur Idee dieses Buches. Zwei Fragen sollen das Interesse leiten: Welche Besonderheiten ergaben sich durch den großen zeitlichen Abstand zur Tat für den Demjanjuk-Prozess als letzten großen NS-Prozess? Und: Welche Veränderungen brachte die moderne Medienlandschaft für die Berichterstattung mit sich?

Der Fall Demjanjuk begann, nüchtern betrachtet, in den 1970er Jahren. Er dürfte daher das langwierigste Beispiel für die Verfolgung von Holocaust-Verbrechen sein. Es wird kaum einen Journalisten geben, der von sich behaupten kann, er habe ihn „von Anfang an" verfolgt. Was meine Berichterstatter-Tätigkeit betrifft, so setzte diese mit der Abschiebung Demjanjuks in die Bundesrepublik ein, also im Frühjahr 2009. Von da an war der Fortgang des Verfahrens jedoch für fast zwei Jahre – mit kurzen zeitlichen Unterbrechungen – mein Hauptarbeitsthema. Das ergab sich nicht nur aus persönlichem oder beruflichem Interesse, sondern lag am föderalen System der ARD. Seit klar war, dass die Hauptverhandlung in München stattfinden würde, überlegte man, wie der Bayerische Rundfunk die ARD-Berichterstattung gestalten könnte. Da sich die Länge der Verhandlung kaum abschätzen ließ, war es sinnvoll, dass ein fest angestellter Mitarbeiter die Verhandlung verfolgte. So fiel mir die Rolle des „Dauergastes" zu. Da jedoch ebenso absehbar war, dass ein einzelner Reporter nicht ausreichen würde, gab es einen zweiten Mann, der für die wichtigen Verhandlungstage und für den Fall von Urlaub, Krankheit oder anderen Widrigkeiten zur Verfügung stehen musste. Ich bin meinem Kollegen Tim Aßmann sehr dankbar für die Zusammenarbeit, die sich daraus ergeben hat. Wir hätten die anfallende Flut von Beiträgen nicht gestemmt, hätte es hier Missgunst, Profilierungssucht oder falschen Ehrgeiz gegeben.

Mein Dank gilt auch Lukas Hammerstein, dessen juristische Ausbildung uns viele Geheimnisse des Strafprozesses erschloss. Darüber hinaus gab mir seine scharfe Beobachtung des Geschehens immer wieder wertvolle Hinweise auf Entwicklungen. Erfreulich war darüber hinaus die Zusammenarbeit mit den Kollegen Robert Probst von der „Süddeutschen" und Nicolas Bourcier von „Le Monde". Dass dieses Buch überhaupt zustande kam, verdanke ich dem milden Drängen von Thomas Schlemmer. Er muss geahnt haben, dass mir noch ein „dicker Strich" unter der Berichterstatter-Zeit am Landgericht München II fehlte.

Widmen aber möchte ich das Folgende meiner Frau und meinen Söhnen, die nur leise seufzten, wenn ich abends, den Kopf noch halb im Gerichtssaal, zuhause erschien. Sie fragten mich oft, wie es an diesem oder jenem Tage war „bei Demjanjuk". Ich habe vielleicht nicht immer mit der nötigen Geduld geantwortet. Aber manchmal klären sich schwierige Sachverhalte am besten, wenn man sie Unbeteiligten auseinanderlegen muss. Merci!

I. Gerichte und Geschichte

1. Strafprozesse in der Berichterstattung

Als der Demjanjuk-Prozess begann, hatte ich etwa 25 Jahre Berufserfahrung. Kaum ein Genre hatte ich in dieser Zeit so selten betrieben wie Justizreportagen. Sie gehören zwar in vielen Medien zur Nachwuchs-Ausbildung, weil die Redaktionen einen Teil ihrer Mitarbeiter später als Berichterstatter in Gerichtssäle entsenden, weshalb auch der 21. Lehrredaktion der Deutschen Journalistenschule, der ich angehörte, ein Tag bei Gericht nicht erspart blieb. Aber danach gelang es mir, Distanz zu dieser journalistischen Sparte zu halten. Dann kam der Demjanjuk-Prozess mit seinen 93 Verhandlungstagen, und unversehens war ich mehr und länger Gerichtsreporter, als ich je gedacht hätte.

Auch unter Journalisten gelten Gerichtsreporter als eine besondere Spezies, nicht zuletzt, weil fast alle eine spezielle Vorbildung besitzen. Anders als die meisten Journalisten haben Gerichtsreporter zumindest juristische Grundkenntnisse, wenn nicht sogar ein abgeschlossenes Jura-Studium. Das sorgt für ein Spezialistentum und eine Nähe zum Denken der Justiz, worüber diese nicht unglücklich ist. In einer bekannten Einführung heißt es sehr deutlich:

„Justizvertreter wünschen sich journalistisch ausreichend qualifizierte Justizberichterstatter, die über die erforderlichen Grundkenntnisse des Justizsystems verfügen. Außerdem plädieren sie für eine gewisse personelle Kontinuität: Die für die Justizberichterstattung zuständigen redaktionellen Mitarbeiter sollten nicht ständig wechseln."[1]

Dabei geht es nicht so sehr um eine Patronage über die Berichterstatter. Für die besonders starke Spezialisierung der Justizberichterstattung sprechen tatsächlich auch fachliche Gründe. So finden Gerichtsverhandlungen in einer Sprache statt, die sich dem Laien nicht auf Anhieb erschließt. Welcher normale Mensch kennt die Merkmale, die Juristen von „Mord" sprechen lassen, und wer weiß auf Anhieb, was einen Mord von der „Beihilfe zum Mord" unterscheidet? Ein zweites Argument ist die starke Formalisierung des Gerichtssystems. Was vor den Augen des Beobachters bei einer Verhandlung geschieht, bedarf für das Publikum einer Art Dechiffrierung. Das

---

[1] Udo Branahl, Justizberichterstattung. Eine Einführung, Wiesbaden 2005, S. 161; zum Folgenden vgl. ebenda, S. 11.

offensichtlichste Beispiel sind die Paragraphenzahlen, die dort häufig zitiert werden, oft genug ohne weitere Erläuterungen. Gleichwohl – oder vielleicht gerade wegen der Normierung und Spezialisierung der Rechtspflege – besteht im Sinn einer Kontrolle und einer Abwehr von Willkür ein erhebliches öffentliches Interesse daran, die Arbeit der Gerichte durch Berichterstattung kontinuierlich zu verfolgen und allgemeinverständlich zu kommentieren[2]. Das gilt für Entscheidungen eines Amtsgerichts wie für Verhandlungen der diversen Bundesgerichte.

Gerichtsreporter arbeiten anders als politische Reporter. Die Besonderheiten ihres Arbeitsalltags beginnen beim äußeren Rahmen einer Gerichtsverhandlung, die das Gerichtsverfassungsgesetz (GVG) vorschreibt. Dort finden sich auch Paragraphen zur würdigen Kleidung der Anwesenden in einem Gerichtssaal und zu den Arbeitsmitteln eines Journalisten vor Gericht. Hier gibt es Einschränkungen, die angesichts der rasanten Technisierung des Berufs stärker auffallen denn je. Ton- und Bildaufnahmen sind während einer Verhandlung nach deutschem Recht zum Beispiel verboten (Paragraph 169 Satz 2 GVG)[3]. Im Demjanjuk-Verfahren durften zeitweise aus Sicherheitsgründen elektronische Reportergeräte (Mikrofone) und – in den Anfangstagen – Computer nicht in den Saal mitgenommen werden[4]. Die Reporter mussten also ihre Notizen handschriftlich anfertigen, was bei einigen Kollegen für erhebliche Irritationen sorgte.

Wegen der Vorschriften des Gerichtsverfassungsgesetzes unterblieb im Demjanjuk-Prozess auch die anfänglich geplante Video-Übertragung des Prozessgeschehens in einen benachbarten Gerichtssaal[5]. Ein solcher Schritt hätte angesichts des Andrangs der Öffentlichkeit in den ersten Tagen zwar die journalistische Arbeit erleichtert. Das Landgericht fürchtete jedoch, der Verteidigung eventuell einen Revisionsgrund zu liefern. Daher stellte der Gerichtspräsident zu Beginn der Hauptverhandlung fest, dass es „rechtlich

---

[2] Vgl. dazu den Artikel Öffentlichkeitsgrundsatz in: Stephan Detjen, Redaktionshandbuch Justiz. Gerichte, Verfahren, Anwaltschaft, München 1998, S. 131.
[3] Vgl. Branahl, Justizberichterstattung, S. 154.
[4] In der Verfügung des Landgerichts München II vom 4.11.2009 heißt es unter Punkt E. II: „Zuhörer werden nur in den Sitzungssaal eingelassen, wenn sie […] außer Handtaschen keine Taschen, Beutel, Tüten oder sonstigen Behältnisse […] keine Handys, Foto-, Film- und Tonaufnahmegeräte […] mit sich führen." Kopie im Besitz des Verfassers.
[5] Vgl. dazu die Pressemitteilung des Oberlandesgerichts München vom 23.11.2009, in der es hieß, dass die Hauptverhandlung „an den ersten drei Sitzungstagen, nämlich am 30.11., 01.12. und 02.12.2009 in den Sitzungssaal A 206/II in Bild und Ton übertragen wird"; Faksimile im Besitz des Verfassers.

problematisch gewesen" wäre. „Zeugen oder auch Angeklagte, die wissen, dass sie aufgenommen werden, verhielten sich beispielsweise anders, seien eventuell bei ihren Aussagen gehemmt."[6]

Ein Sonderproblem des Gerichtsreporters ist die Informationsbeschaffung. Denn im Bereich von Polizei und Justiz unterliegt diese anderen Regeln als in der politischen Berichterstattung. Fakten sind schwerer zugänglich und mit Datenschutzbestimmungen bewehrt, weil die Dokumente oft die persönliche Freiheit oder das materielle Wohlergehen von Menschen betreffen. Um die Fakten eines Verfahrens richtig einschätzen zu können, wäre es aus journalistischer Sicht zwar wünschenswert, Akten einsehen und auswerten zu können. Doch schreibt ein Paragraph des Strafgesetzbuchs vor, dass diese erst veröffentlicht werden dürfen, wenn sie in öffentlicher Verhandlung erörtert wurden oder das Verfahren abgeschlossen ist[7].

Umso wichtiger ist es, im Umfeld eines Prozesses persönliche Kontakte zu den Beteiligten aufzubauen. Aus Arbeitsbeziehungen zu den Anwälten, der Staatsanwaltschaft und der Pressestelle des Gerichts ergeben sich oft Informationen, die für das jeweilige Verfahren relevant sind. Voraussetzung dafür ist freilich ein persönliches Vertrauensverhältnis.

Bleibt für den Reporter das Problem, die einzelnen Informationen in den jeweiligen Gesamtzusammenhang einzuordnen. Die Beteiligten an einem Gerichtsverfahren heißen in der Sprache der Justiz nicht ohne Grund Prozessparteien – sie sind parteiisch und haben meist ein Interesse daran, die Berichterstattung in ihrem Sinne zu beeinflussen. Im Kampf um das Recht kann die Berichterstattung daher von nicht zu unterschätzender Bedeutung sein. In den USA und zunehmend auch in Europa gibt es daher das Instrument der „Litigation-PR" – also Pressearbeit während und nach juristischen Auseinandersetzungen, mit der Medien im Sinne einer der Streitparteien beeinflusst werden soll.

Der Pressekodex des Deutschen Presserats erinnert journalistische Berichterstatter in Ziffer 13 nicht umsonst an die Unschuldsvermutung: „Die Berichterstattung über Ermittlungsverfahren, Strafverfahren und sonstige förmliche Verfahren muss frei von Vorurteilen erfolgen. Der Grundsatz der Unschuldsvermutung gilt auch für die Presse."[8] Das ethische Korsett

---

[6] Vgl. dazu die Stellungnahme von Christian Schmidt-Sommerfeld, Präsident des Landgerichts München II; Süddeutsche Zeitung vom 2.12.2009: „Gerichtspräsident entschuldigt sich für Pannen" (Susi Wimmer).
[7] Vgl. dazu u. a. Branahl, Justizberichterstattung, S. 171.
[8] Diese Regelungen finden sich unter www.presserat.info/inhalt/der-pressekodex/pressekodex.html.

für Gerichtsreporter vervollständigen die Ziffern 1 (Wahrhaftigkeit und Achtung der Menschenwürde), Ziffer 2 (Sorgfalt), Ziffer 4 (Grenzen der Recherche) sowie die Ziffern 8 und 9 (Persönlichkeitsrechte, Schutz der Ehre).

Diese Mahnung galt auch für das Demjanjuk-Verfahren. So waren Gespräche mit den Verteidigern des Angeklagten, den Anwälten der Nebenkläger, der Pressestelle der Staatsanwaltschaft und des Gerichts sowie einzelnen Zeugen zu führen. Eine Arbeit, die Zeit raubte und mühselig war und es geradezu verbot, erst fünf Minuten vor den Richtern im Gerichtssaal zu erscheinen und der Verhandlung bis zur Unterbrechung oder Vertagung beizuwohnen. Vielmehr erwies es sich als sinnvoll, vor und nach jeder Sitzung mit den Beteiligten zu sprechen, um die Geschehnisse richtig werten zu können. Erst der Abgleich der Meinungen und Bewertungen brachte oft ein halbwegs richtiges Bild und entsprach damit den Vorgaben der Berufsethik.

2. Demjanjuk – das letzte Glied einer Kette

Der Zwang zur zeitintensiven Begleitung der mündlichen Verhandlung ergab sich auch aus der besonderen Prozessproblematik. Das Demjanjuk-Verfahren behandelte einen kaum erforschten historischen Sachverhalt, nämlich den Anteil der „fremdvölkischen Hilfswilligen" der SS am Holocaust, und versuchte, diesen mit juristischen Mitteln zu beurteilen. Die Frage lautete, ob der Angeklagte sich trotz seiner besonderen Biographie mitschuldig gemacht hatte am Völkermord an den europäischen Juden. Insofern gehörte der Prozess zwar zur Kategorie der Verfahren wegen nationalsozialistischer Gewaltverbrechen (NSG) und stand damit in einer langen Reihe juristischer Ahndungsversuche. Doch reflektierte der Fall zugleich kritisch die traditionelle Rechtsprechung und enthielt neue Aspekte. Denn eine Anklage gegen einen Angehörigen der Hilfswilligen-Truppe der Waffen-SS in den Vernichtungslagern hatte es bis dahin noch nicht gegeben. Der „Spiegel" sprach bereits früh von einer „juristischen Premiere" und urteilte: „Die Justiz plant also nichts weniger als einen radikalen Bruch mit einer jahrzehntelangen, häufig als anstößig empfundenen Praxis."[9]

Iwan Nikolajewitsch Demjanjuk wurde am 3. April 1920 in dem ukrainischen Dorf Dubowije Machrinzik geboren[10]. Demjanjuk, der sich seit seiner

---

[9] Der Spiegel vom 22.6.2009: „Ein ganz gewöhnlicher Handlanger" (Georg Bönisch/Jan Friedmann/Cordula Meyer).
[10] Die Angaben zu Geburtsdatum und Geburtsort stehen so in der Anklageschrift vom 10.7.2009; Kopie der Kurzfassung im Besitz des Verfassers.

Demjanjuk – das letzte Glied einer Kette 13

Einbürgerung in die USA im Jahr 1958[11] „John" nannte, arbeitete als junger Mann in seiner Heimat als Traktorist. 1940 wurde er zur Sowjetarmee eingezogen, als Artillerist kämpfte er 1941 gegen die Wehrmacht und erlitt dabei eine Verwundung. Im Mai 1942 nahmen ihn die Deutschen auf der Halbinsel Krim gefangen und rekrutierten ihn wenige Wochen später im Kriegsgefangenenlager Chelm für eine Truppe „fremdvölkischer Hilfswilliger", die nach ihrer Ausbildungsstätte – einer Stadt südwestlich von Lublin – meist als Trawniki bezeichnet wurden[12].

Über die Trawniki wusste man zu Beginn des deutschen Strafverfahrens nicht viel. Zwar war Experten eine Anordnung Himmlers bekannt, die die Grundlage für die Aufstellung der osteuropäischen Söldner-Bataillone bildete. Demnach sollten die Trawniki als Helfer bei der Beherrschung der eroberten Ostgebiete dienen[13]. Der Historiker Klaus-Michael Mallmann bezeichnete die unter Balten, Ukrainern und deutschstämmigen Russen angeworbenen Angehörigen dieser Truppe einmal einprägsam als das „Fußvolk der Endlösung"[14]. Doch jenseits dieser griffigen Formel war der Forschungsstand zum Zeitpunkt des Beginns der Hauptverhandlung Ende November 2009 lückenhaft[15]. Die Zahl der Fachaufsätze über die Trawniki ließ sich bei Prozessauftakt in München an zwei Händen abzählen. Noch 2011 hielt die Historikerin Angelika Benz in einer vorläufigen Bilanz fest: „Wie die Rekrutierung tatsächlich verlief, welche Auswahlkriterien angelegt wurden und wie diese überprüft wurden, ist nicht bekannt."[16] Auch über die Mannschaftsstärke gab es nur grobe Schätzungen, die von 4000 bis 5000 Trawniki ausgingen.

Diese Wissenslücken können zum einen als Indiz dafür gewertet werden, dass die Holocaust-Forschung in dieser Truppe keinen zentralen Akteur des Völkermords an den europäischen Juden sah. Doch darf man andererer-

---

[11] Vgl. Heinrich Wefing, Der Fall Demjanjuk. Der letzte große NS-Prozess, München 2011, S. 34.
[12] Zur Rekrutierung und Ausbildung der Trawniki vgl. z.B. Matthias Janson, Hitlers Hiwis. Iwan Demjanjuk und die Trawniki-Männer, Hamburg 2010, S. 9–26, der hier zusammenfassend die Forschungsliteratur zu diesem Thema verarbeitet.
[13] Vgl. Angelika Benz, Der Henkersknecht. Der Prozess gegen John (Iwan) Demjanjuk in München, Berlin 2011, S. 61.
[14] Zit. nach Stefan Kühl, Die Fußvölker der Endlösung, in: Die Zeit vom 23.4.2009, S. 46.
[15] Vgl. Angelika Benz, Einblicke in einen schwierigen Prozess. John (Iwan) Demjanjuk vor Gericht, in: Tribüne. Zeitschrift zum Verständnis des Judentums 50 (2011), S. 157–163, hier S. 160.
[16] So die kurze Zusammenfassung bei Benz, Henkersknecht, S. 62.

seits die dürftige Quellenbasis nicht übersehen, die Studien über die Trawniki erschwerte und zudem die Sichtweise der deutschen Täter widerspiegelte. Dass die zuständigen Stellen der SS nur rudimentäre Akten über die ihnen unterstellten Trawniki anlegten, könnte als Indiz gedeutet werden, dass sie diese Truppe nur als „Fußvolk" ansahen, für das sich kein größerer bürokratischer Aufwand lohnte.

Die Aktenproblematik überspannt – wie später zu sehen sein wird – auch das Kriegsende, das Demjanjuk in Bayern erlebte. In dieser Zeit war die Aktenführung ebenfalls provisorisch. Es gelang Demjanjuk, sein Vorleben weitgehend zu vertuschen und in einem Lager für Flüchtlinge (Displaced Persons) aufgenommen zu werden. Schließlich konnte er mit seiner Frau, die er kurz nach Kriegsende in einem solchen DP-Lager kennengelernt hatte, ein Einreisevisum für die USA ergattern, wo er über Jahrzehnte sein Geld als Arbeiter bei den Ford-Autowerken in Cleveland verdiente. Der Journalist Heinrich Wefing bilanzierte diese Lebensphase mit den Sätzen: „Es ist ein materiell halbwegs gesichertes, ein ziemlich ereignisloses Leben. Ein Leben, von dem ein fast verhungerter ukrainischer Kriegsgefangener 1942 wohl nicht einmal zu träumen gewagt hätte."[17]

Das Landgericht München II stand angesichts des Mangels an Dokumenten, Zeitzeugen und Experten vor einer schwierigen Beweisaufnahme. Daher bot sich ein Verfahren an, das sich in ähnlichen Fällen seit Ende der 1950er Jahre bewährt hatte: die Berufung von Historikern als Gutachter. Diesen Weg wählte man seit dem Frankfurter Auschwitz-Prozess (1963 bis 1965) immer wieder und versuchte so, den historischen Sachverstand in die Beweisaufnahme einzubringen, über den die Juristen nicht verfügten[18].

So gesehen war der Münchner Prozess ein Glied in der langen Kette von Strafgerichtsverfahren gegen NS-Täter. Als historische Sachverständige bestellt wurden dieses Mal Privatdozent Dr. Dieter Pohl vom Institut für Zeitgeschichte München (inzwischen Professor an der Universität Klagenfurt) sowie der amerikanische Militärhistoriker Bruce Menning (Fort Leavenworth). Von weiteren historischen Gutachten sah das Gericht letztlich ab.

---

[17] Wefing, Fall Demjanjuk, S. 34.
[18] Bereits im Auschwitz-Prozess wurden Gutachter etwa befragt, welche Konsequenz eine Befehlsverweigerung für den Angeklagten möglicherweise gehabt hätte; vgl. Gerhard Werle/Thomas Wandres, Auschwitz vor Gericht. Völkermord und bundesdeutsche Strafjustiz, München 1995, S. 58.

3. Die Ahnenreihe des Demjanjuk-Verfahrens: NSG-Verfahren in der Bundesrepublik

Weil der 50. Jahrestag des Jerusalemer Prozesses gegen Adolf Eichmann anstand, arbeitete ich im Februar 2011 im Bundesarchiv Koblenz dessen Nachlass durch. Dabei interessierten mich vor allem die so genannten „Sassen-Tonbänder" aus seinem argentinischen Exil[19]. Ebenso sah ich mir Fernsehaufnahmen des Prozesses an. Die Schwarzweiß-Aufnahmen brachten mich auf den Gedanken, ob sich Parallelen zum Demjanjuk-Verfahren würden finden lassen. Dabei ging es nicht darum, dass auch Demjanjuk in Israel zwei Verfahren erlebt hatte. Der eigentliche Reiz bestand darin, die Inszenierung zu vergleichen: der sich in Ausflüchte rettende SS-Bürokrat Eichmann in seinem Glaskasten hier, der schweigende, scheinbar fast todesstarre Mann im Krankenbett dort, der 1942 wahrscheinlich vor dem Dilemma gestanden hatte, mitzumachen oder zu verhungern.

Diese Überlegungen verweisen zumindest auf einige Querverbindungen: So lässt sich mit Sicherheit sagen, dass beide Jerusalemer Prozesse gegen Demjanjuk nicht denkbar gewesen wären ohne die Erfahrungen der israelischen Justiz mit dem Fall Adolf Eichmann. Das Verfahren gegen den aus Argentinien entführten ehemaligen SS-Offizier diente nicht nur juristisch als Muster, sondern galt auch in der breiteren Öffentlichkeit als „historische Folie". Der amerikanische Jura-Professor Lawrence Douglas bemerkte 2009 in einem Essay:

„Demjanjuks Ankunft in Israel führte zu einem Aufruhr, der an jenen erinnerte, den die Festnahme Adolf Eichmanns ein Vierteljahrhundert zuvor ausgelöst hatte. Israelische Behörden erwogen, Demjanjuk in jene Zelle im Ayalon-Gefängnis zu sperren, in der schon Eichmann gesessen hatte. Sicherheitsleute des Gerichts überlegten zudem, den Glaskasten, in dem Eichmann während der Verhandlung [....] saß, aus dem Holocaust-Museum [...] nahe Haifa zu holen und für Demjanjuk aufzubauen."[20]

Es sagt viel, dass auch der israelische Publizist Tom Segev kurz vor Beginn der öffentlichen Verhandlung in München eine geistige Brücke zwischen beiden Fällen schlug. Segev schrieb nämlich: „Als Demjanjuk an Israel ausgeliefert wurde, erwartete man naturgemäß eine Wiederholung des Eich-

---

[19] Bei den „Sassen-Tonbändern" handelt es sich um Fragmente von Tonbandaufnahmen von Gesprächen mit Adolf Eichmann über dessen Funktion im NS-Vernichtungsapparat, die der SS-Offizier Willem Sassen in Argentinien anfertigte. Die Aufnahmen finden sich unter der Signatur N 1497 im Bundesarchiv Koblenz.
[20] Frankfurter Allgemeine Sonntagszeitung vom 12.7.2009: „Desaster in Jerusalem" (Lawrence Douglas).

mann-Prozesses, aber so lief es nicht. Der Demjanjuk-Prozess fand unter gänzlich anderen Voraussetzungen statt."[21]

Die Bezüge und Verflechtungen zwischen den beiden Verfahren in Israel lassen sich gut erklären: Als Demjanjuk 1987 zu seinem ersten Prozess in Tel Aviv eintraf, war dies das erste Mal seit dem Eichmann-Verfahren, dass ein mutmaßlicher NS-Verbrecher im Land der Opfer zur Rechenschaft gezogen werden sollte. Nach dem „Organisator der Endlösung" stand die Bestrafung des angeblichen Holocaust-Sadisten an. Heinrich Wefing hat die angestrebte Wiederholung des Prozess-Erlebnisses als Versuch der „Selbstvergewisserung" Israels bezeichnet. Damit habe die politische Führung in Jerusalem das pädagogische Anliegen verbunden, daran zu erinnern, dass der Holocaust tatsächlich stattgefunden hatte[22]. Um diesen Rückbezug zu verstehen, muss man sich vergegenwärtigen, dass der Holocaust bei Beginn des ersten Demjanjuk-Prozesses bereits zwei Generationen zurücklag und sich das Land demographisch seither massiv verändert hatte. „Der Holocaust scheint aus der kollektiven Erinnerung verschwunden", zitierte Lawrence Douglas Staatsanwalt Jonah Blatmann und paraphrasierte sodann dessen Hoffnung, „der Demjanjuk-Prozess werde eine neue Generation von Israelis mit der Geschichte vertraut machen, die ihre Eltern aus dem Eichmann-Prozess kannten"[23]. Dass es anders kam, ist bekannt. Tom Segevs Erklärung lautete:

„Im Gegensatz zu Eichmann hatte Demjanjuk nicht an Entscheidungen mitgewirkt, die vor der Judenvernichtung gefallen waren, und er war auch kein Deutscher. Als ungebildeter, grobschlächtiger, glatzköpfiger Ukrainer mit Donnerstimme erinnerte er eher an die Protagonisten antisemitischer Pogrome im Osteuropa des 19. Jahrhunderts."[24]

Doch nicht nur die Unterschiede zwischen den Angeklagten waren gewaltig – auch die Strategie der Verteidigung war nicht vergleichbar. Demjanjuks Anwalt Yoram Sheftel habe, so schrieb Lawrence Douglas, mit seinen planlosen Vorträgen und „Winkelzügen" den Demjanjuk-Prozess „in eine Farce des Eichmann-Verfahrens" verwandelt[25]. Dass die Revision durch den Obersten Gerichtshof des Landes zu einem Freispruch führte, lag indes nicht an den Künsten der Anwälte. Die fünfhundertseitige Begründung des

[21] Tom Segev, „Der Fall ist abgeschlossen, aber unvollendet". Der Prozess gegen John Demjanjuk in Jerusalem, in: Einsicht 02 (2009), S. 16–23, hier S. 18.
[22] Wefing, Fall Demjanjuk, S. 60.
[23] Frankfurter Allgemeine Sonntagszeitung vom 12.7.2009 „Desaster in Jerusalem".
[24] Segev, Demjanjuk in Jerusalem, S. 18.
[25] Frankfurter Allgemeine Sonntagszeitung vom 12.7.2009 „Desaster in Jerusalem".

Gerichts zeigte vielmehr: Das Gericht stützte sich auf neue Erkenntnisse, die die Auswertung von Archiven in Osteuropa erbracht hatte. So gab es nun Dokumente, die widerlegten, dass es sich bei Demjanjuk um „Iwan den Schrecklichen" aus dem KZ Treblinka handelte. Die Anklage hatte auf einer Verwechslung beruht.

Im Revisionsurteil stellte das Gericht in der Begründung auch eindeutig fest, es gebe überzeugende Beweise für die Anwesenheit Demjanjuks als Wachmann in Sobibór und Flossenbürg. Im letzten Absatz des Urteil hieß es resignativ:

„Wir haben den Wachmann Iwan Demjanjuk zweifelshalber von den Anklagen freigesprochen, die sich gegen Iwan den Schrecklichen aus Treblinka richteten [...]. Der Fall ist abgeschlossen, aber unvollendet."[26]

Da der Ausgang eines weiteren Verfahrens völlig ungewiss schien, hatte Israels Regierung kein Interesse an einem dritten Prozess. Zudem war eine Anklage wegen Verbrechen im Vernichtungslager Sobibór nicht vom Ausweisungsverfahren der USA gedeckt, das sich nur auf das Geschehen in Treblinka bezogen hatte[27]. So konnte Demjanjuk im September 1993 Israel als freier Mann verlassen und in die USA zurückkehren.

Weniger offensichtlich war die Verbindung zum Prozess in München. Jenseits der Identität der Person gab es jedoch bei näherer Betrachtung auch einen juristischen Zusammenhang: Wäre Demjanjuk in Israel verurteilt worden, hätte es den Prozess in München nicht gegeben. Was die Beweismittel betraf, fußte zudem ein Verfahren auf dem anderen. Darüber hinaus darf man aus dem Essay von Tom Segev auch eine Art philosophische Kontinuität herauslesen, denn zum Schluss schreibt Segev:

„Die Fortführung von Prozessen gegen Naziverbrecher, bis zum letzten Greis unter ihnen, muss in erster Linie als Warnhinweis für künftige Kriegsverbrecher dienen, der ihnen sagt: Bis zu deinem letzten Atemzug kannst du dich auf der Anklagebank wiederfinden."[28]

Die Geschichte der juristischen Verfolgung von NS-Straftaten in der Bundesrepublik zu schreiben, kann hier unterbleiben, das haben andere bereits versucht. Allerdings muss auf die Gesamtbilanz hingewiesen werden, die nach allgemeinem Urteil eher mager ausfällt. In der „tageszeitung" stand zum Beispiel im Mai 2005 zu lesen: „In der alten Bundesrepublik wurden wegen NS-Verbrechen gegen 106 496 Personen Vorermittlungs- und

---

[26] Segev, Demjanjuk in Jerusalem, S. 22.
[27] Vgl. Wefing, Fall Demjanjuk, S. 82.
[28] Segev, Demjanjuk in Jerusalem, S. 23.

Ermittlungsverfahren geführt, davon wurden lediglich 6495 Angeklagte rechtskräftig verurteilt."[29] Mit anderen Worten: da nur eine kleine Gruppe von Tätern bestraft worden war, galt das Projekt in der breiteren Öffentlichkeit als mit Mängeln behaftet.

Die historische Wissenschaft konnte dieses Bild nur wenig differenzieren, auch wenn Kenner der Materie wie Norbert Frei erklärten, alleine die Statistik der rechtskräftig verurteilten Fälle sei kein Kriterium für den Erfolg der Strafverfolgung:

> „Es ging auch darum, das Wissen über die NS-Verbrechen in der Gesellschaft zu verankern. [...] Doch schätzungsweise ein Drittel der Täter kam wegen ihrer Taten in der NS-Zeit zu irgendeinem späteren Zeitpunkt mit der Justiz in Berührung. Wenn auch die wenigsten verurteilt wurden, konnten sie sich doch nicht sicher fühlen. Das hat mit dazu beigetragen, dass sich diese Leute an die neue Demokratie anpassten."[30]

Als Auftakt der systematischen Bemühungen der bundesdeutschen Justiz zur Aburteilung von NS-Straftätern gilt allgemein der Ulmer Einsatzgruppenprozess von 1958. Annette Weinke spricht in ihrer Bilanz von einem öffentlichen „Erschrecken über Umfang und Grausamkeit der verübten Verbrechen", die in Ulm bekannt wurden[31]. Ein anderer prägnanter Begriff, der in der Forschungsliteratur verwendet wird, ist der des „Wendepunkts" nach langjähriger Stille und einem Vergessen-Wollen[32]. Am Ende des Ulmer Verfahrens stand, neben der Bestrafung der Täter, die Gründung der Zentralen Stelle der Landesjustizverwaltungen zur Aufklärung nationalsozialistischer Verbrechen (ZSL) in Ludwigsburg, einer Vorermittlungsbehörde, die bis heute fast immer bei derartigen Verfahren die Akten und Beweismittel bis zur Abgabe an die zuständige Staatsanwaltschaft zusammenstellt und sammelt. Heinrich Wefing nennt sie „so etwas wie das Langzeitgedächtnis der bundesdeutschen Justiz – eine Einrichtung, deren Aufgabe erst dann ganz erledigt sein wird, wenn der letzte mutmaßliche NS-Verbrecher gestorben ist"[33].

---

[29] Tageszeitung vom 17.5.2005: „Ludwigsburgs letzte Mordpuzzles" (Heike Kleffner).
[30] Spiegel-Online vom 23.5.2009; www.spiegel.de/politik/deutschland/0,1518,626409,00.html.
[31] Annette Weinke, Eine Gesellschaft ermittelt gegen sich selbst. Die Geschichte der Zentralen Stelle Ludwigsburg 1958–2008, Darmstadt 2008, S. 19.
[32] So bei Werle/Wandres, Auschwitz vor Gericht, S. 22 f.
[33] Wefing, Fall Demjanjuk, S. 88.

4. Auschwitz-Verfahren und „Dauerwettlauf" – wirklich das Ende einer Kette?

Auf einige Kontinuitäten bei deutschen NS-Verfahren, die sich aus dem Auschwitz-Prozess entwickelten, habe ich bereits hingewiesen – zum Beispiel auf das Gewicht historischer Gutachten. Doch erscheint es mir sinnvoll, einige weitere Charakteristika näher zu beleuchten, weil das dazu beiträgt, Probleme zu erklären, die in München auftraten. Zwar hat sich nach meinem Wissensstand keiner der Münchner Richter vor, während oder nach Ende des Münchner Hauptverfahrens zu einem eventuellen Lerneffekt aus älteren NS-Prozessen geäußert. Da keiner von ihnen zuvor beruflich mit einem so genannten NSG-Prozess befasst war[34], wäre ein Studium wichtiger Verfahren aber durchaus denkbar und sinnvoll gewesen.

Dies gilt besonders für den Auschwitz-Prozess. Ein Vergleich äußerlicher Aspekte lässt beim Blick auf die Einbeziehung der Öffentlichkeit zunächst einen frappierenden Unterschied erkennen. Obwohl man für das Jahr 1963 noch nicht von einer voll entwickelten Mediengesellschaft sprechen kann, hatte das Gericht in Frankfurt das prinzipielle Verbot von Film- und Tonaufnahmen aufgehoben. Dies war sicher vor allem der Tatsache geschuldet, dass Richter und Justizbehörden um die symbolische und zeitgeschichtliche Bedeutung ihres Tuns wussten[35]. Kamerateams konnten daher Teile der Verhandlung filmen; das Material diente später als Grundlage für Dokumentarfilme. Ein Großteil der Hauptverhandlung, vor allem die Mehrheit der Zeugenaussagen, wurde zudem auf Tonband aufgezeichnet; dies geschah ebenso mit allen amtlichen Erklärungen. Als Begründung für seinen offensiven Umgang mit den audiovisuellen Medien genügte dem Gericht aber offenbar der Präzedenz-Charakter des Geschehens als Begründung nicht. Der Vorsitzende Hans Hofmeyer erklärte gegenüber den Zeugen, die Tonaufzeichnung diene auch dazu, das Gedächtnis des Gerichts zu stützen.

Fast ebenso ungewöhnlich war es, dass die Verhandlung außerhalb des Gerichtsgebäudes stattfand, zunächst im „Römer", dem Rathaus der Stadt Frankfurt; später im Bürgerhaus „Gallus". Auch hier spielte das öffentliche Interesse eine Rolle. Ein dritter beachtenswerter Aspekt war schließlich der

---

[34] Alexander Krug vermerkt dies ausdrücklich in seinem Artikel über Ralph Alt; vgl. Süddeutsche Zeitung vom 3.12.2009: „Ralph Alt – Vorsitzender Richter im Demjanjuk-Prozess".
[35] Werle/Wandres, Auschwitz vor Gericht, zitieren auf S. 43 die Äußerung des hessischen Generalstaatsanwalts Fritz Bauer: „Der Prozess soll der Welt zeigen, dass ein neues Deutschland, eine deutsche Demokratie gewillt ist, die Würde eines jeden Menschen zu wahren." Zum Folgenden vgl. ebenda, S. 45, S. 55 f., S. 70 und S. 77 ff.

sechstägige „Lokalaugenschein", der das Gericht im Dezember 1964 in die Gedenkstätte Auschwitz führte. Damit diese Reise zustande kam, waren beträchtliche Bemühungen und politisch-diplomatische Vorarbeiten notwendig. Unter anderem sicherte der polnische Staat, der zu diesem Zeitpunkt noch keine diplomatischen Beziehungen zur Bundesrepublik pflegte, allen Prozessbeteiligten freies Geleit zu. Annette Weinke nennt diese Vorgeschichte „ein „Politikum ersten Ranges"[36]. Zwar sind der „Ortstermin" und der „Lokalaugenschein" im Strafprozess nicht ungewöhnlich. Doch lassen sie sich in diesem Fall nur als außerordentlich und beispielgebend bezeichnen.

Angesichts des im Vorfeld absehbaren internationalen Medieninteresses am Demjanjuk-Prozess mag es erstaunlich sein, dass die in Frankfurt mögliche Verlegung des Geschehens in einen Saal außerhalb des Justizgebäudes in München im Stadium des Gedankenspiels verworfen wurde. Bedenken, der Transport Demjanjuks vom Gefängnis Stadelheim ins Justizzentrum in der Münchner Stadtmitte koste viel Zeit und stelle eine Anstrengung für den Angeklagten dar, waren bei der Wahl des Verhandlungsortes offenbar weniger relevant als juristische Vorsicht. Dass der Präsident des Landgerichts München II, Schmidt-Sommerfeld, dazu in den Medien das Schutz-Argument ins Feld führte, kein Angeklagter dürfe zur Schau gestellt werden, weil dies „mit Menschenwürde und Unschuldsvermutung nicht zu vereinbaren" sei[37], wird man im Vergleich zum Vorgehen des Gerichts im Auschwitz-Verfahren als bemerkenswerte Umkehrung des Öffentlichkeits-Gedankens sehen dürfen.

Ebenso wenig kam es dem Münchner Gericht in den Sinn, eine Fahrt nach Sobibór zu unternehmen, obwohl eine solche Reise durch den Wegfall der Reisehindernisse im so genannten „Schengen-Raum" der EU weit weniger beschwerlich (und leichter zu organisieren) gewesen wäre als 1964 im Fall von Auschwitz. Stattdessen behalf man sich am 24. März 2010 mit einer Art Dia-Show im Gerichtssaal.

Die bereits erwähnten Verbote von Ton- und Filmaufnahmen sowie des Einsatzes von Computern standen dem Vorgehen des Gerichts in Frankfurt diametral entgegen und wirkten wie aus der Zeit gefallen. Da es keine amtliche Stellungnahme gab, kann über die Gründe nur spekuliert werden. Furcht, sich in einer Revision durch ein höheres Gericht angreifbar zu

---

[36] Weinke, Zentrale Stelle, S. 84.
[37] Süddeutsche Zeitung vom 2.12.2009: „Gerichtspräsident entschuldigt sich für Pannen".

machen, wäre eine mögliche Erklärung. Eventuell fehlte dem Gericht aber auch politische Unterstützung, ungewöhnliche Schritte zu wagen – was ein weiterer Kontrast zum Verhalten der hessischen Landesregierung bei Beginn des Auschwitz-Verfahrens wäre.

Eine Bilanz der Analogien zwischen dem Demjanjuk-Verfahren und vergangenen großen NS-Verfahren zeigt demnach: Diese scheinen zwar naheliegend, doch stößt man bei der Suche ebenso rasch auf deren Grenzen. In München spielten Faktoren eine Rolle, die früher weniger relevant waren, vor allem die juristische Absicherung vor Einwänden der Verteidigung.

Der Zeitfaktor ist das Dauerthema, das sich durch die gesamte justizielle Verfolgung von NS-Täter zieht. Bereits die Verfahren in den 1970er und 1980er Jahren, vor allem der Düsseldorfer Majdanek-Prozess von 1975 bis 1981, galten im öffentlichen Bewusstsein bereits als „Wettlauf gegen die Zeit", wie Annette Weinke in einer Kapitelüberschrift ihres Buches bemerkt[38]. Denn zunehmend erreichten die Beschuldigten „ein Alter [...], das eine vorzeitige Verfahrenseinstellung wegen Verhandlungsunfähigkeit immer wahrscheinlicher machte". Man kann diese Furcht als Grundmelodie der Presseberichterstattung bezeichnen.

Umso bemerkenswerter ist es aus heutiger Sicht, dass sich die Erwartung eines biologisch bedingten „Schlussstrichs" niemals erfüllte. Vielmehr ist eine – zwar dünner werdende, aber stets noch sichtbare – Linie der Strafverfolgung von NS-Tätern über das Schwammberger-Verfahren 1987 hinaus bis ins frühe 21. Jahrhundert zu erkennen. Zunehmend marginal und distanziert wirkt dagegen die mediale Begleitung dieser NS-Verfahren. Das Interesse an den Prozessen beschränkte sich auf einzelne Veröffentlichungen. „Die meisten Prozesse gingen fast unbemerkt über die Bühne. So war es auch in Österreich", resümiert Tom Segev das Medienecho nüchtern[39].

Im Zusammenhang mit dem Demjanjuk-Verfahren sind vor allem die Strafprozesse gegen dessen ehemalige Vorgesetzte zu erwähnen, die die bundesdeutsche Justiz anstrengte. Die Erfolge, die die Justiz gegen das deutschstämmige Bewachungs- und Tötungspersonal in Sobibór sowie die Führung der Trawniki-Truppe erreichte, müssen als bestenfalls bescheiden bezeichnet werden. So begann die Staatsanwaltschaft Hamburg zwar im Jahr 1966 mit Recherchen gegen Karl Streibel, den Leiter des SS-Ausbildungslagers Trawniki, das auch Demjanjuk mutmaßlich durchlaufen hatte.

---

[38] Vgl. Weinke, Zentrale Stelle, S. 142 f.; das folgende Zitat findet sich ebenda, S. 144.
[39] Segev, Demjanjuk in Jerusalem, S. 17.

Auf der Anklagebank saßen neben Streibel ab Dezember 1972 (also sechs Jahre später!) noch weitere fünf Mitglieder der Ausbilder-Riege von Trawniki. Doch zur Überraschung der Staatsanwaltschaft sprach das Gericht die Angeklagten im Juni 1976 von allen Vorwürfen frei und erklärte, deren Beteuerungen zu glauben, nicht gewusst zu haben, wofür man die „Hilfswilligen" in Trawniki ausgebildet habe[40]. Der historische Sachverständige Wolfgang Scheffler, dessen Gutachten die Hamburger Richter gehört hatten, äußerte sich befremdet über dieses Vorgehen und sprach in einer Urteilskritik davon, der Richterspruch enthalte „in historischer Sicht Fehlinterpretationen und inhaltliche Merkwürdigkeiten".

Auch das Geschehen im Vernichtungslager Sobibór war mehrmals Gegenstand von Verhandlungen vor westdeutschen Gerichten – und zwar bereits ab 1950! In Berlin verurteilte ein Gericht den „Gasmeister" des Lagers, Erich Bauer, den Überlebende zufällig wiedererkannt hatten, wegen Verbrechen gegen die Menschlichkeit, Massentötung von Juden, Misshandlung sowie Erschießung von Häftlingen zum Tode. Das Strafmaß wurde später in „lebenslänglich" geändert. Im gleichen Jahr verhandelte das Landgericht in Frankfurt am Main gegen Hubert Gomerski (Leiter des „Waldkommandos" in Sobibór) und Johann Klier (verantwortlich für die Bäckerei und das Schuhlager). Während Gomerski mit lebenslänglicher Haft bedacht wurde, erkannten die Richter bei Klier aufgrund von entlastenden Zeugenaussagen auf Freispruch. Gomerski erreichte in der Wiederaufnahme seines Verfahrens nach 1972 nicht nur seine Entlassung aus der Haft und eine Reduzierung des Strafmaßes, sondern erhielt 1986 darüber hinaus sogar über 63 000 DM als Entschädigung für die zu lang abgesessene Freiheitsstrafe[41].

1965/66 verhandelte das Landgericht Hagen im ersten von zwei Sobibór-Prozessen gegen die weiteren Angehörigen des deutschen Wach- und Funktionspersonals. Insgesamt waren zwölf ehemalige SS-Männer angeklagt. Einer von ihnen, Kurt Bolender (Leiter des Krematoriums), entzog sich der Justiz vor der Urteilsverkündung durch Selbstmord[42]. In der ersten Instanz erhielt lediglich der ehemalige SS-Oberscharführer Karl Frenzel (Chef des Arbeitskommandos, auch „Lager I" genannt) wegen seiner Willfährigkeit

---

[40] Vgl. Janson, Hitlers Hiwis, S. 27–51; das folgende Zitat Wolfgang Schefflers findet sich ebenda, S. 50.
[41] Vgl. Sara Berger, NS-Prozesse gegen Personal der Vernichtungslager der „Aktion Reinhardt". Anmerkungen zu Schuld und Sühne eines Massenmordes, in: Einsicht 02 (2009), S. 24–30, hier S. 26 f.
[42] Vgl. Benz, Henkersknecht, S. 95.

und zahlreicher Exzesstaten eine lebenslange Freiheitsstrafe. Allen anderen Männern billigten die Richter hingegen den Status von „Gehilfen" zu. Nur fünf erhielten Strafen zwischen drei und acht Jahren, die übrigen fünf wurden ganz freigesprochen. Das Gericht ging in allen diesen Fällen von einer vermeintlichen Notstandslage aus und schloss sich damit der Argumentation der Verteidigung an, die bereits bei den Belzec-Prozessen (München 1963) erfolgreich in diesem Sinne argumentiert hatte.

Die Trawniki spielten während der Hauptverhandlung, die immerhin 14 Monate dauerte, keine Rolle, weil das Gericht der Ansicht war, „im Normalfall" sei gegen die „letzten Glieder einer Kette" keine Anklage zu erheben[43]. Im Wiederaufnahmeverfahren, das Frenzel 1983 anstrengte, hoben die Richter die Verurteilungen wegen der „Exzesstaten" mit einer Ausnahme auf, weil das Gericht Widersprüche in einigen Zeugenaussagen zu erkennen glaubte. Frenzels Strafe wurde jedoch bestätigt – ohne dass dies Auswirkungen auf seine Lebenssituation gehabt hätte, denn er befand sich zu diesem Zeitpunkt wegen Haftunfähigkeit auf freiem Fuß[44].

Erst in diesem Wiederaufnahmeverfahren fiel auch der Name Demjanjuk, da die deutsche Justiz bereits von dem in Israel laufenden Verfahren wusste. Allerdings beschränkte sich das Interesse der Richter in Hagen in dieser zweiten Instanz auf die Frage, ob Demjanjuk als möglicher Zeuge zu vernehmen sei. Der Gedanke wurde jedoch fallengelassen, weil der Gutachter – abermals Professor Scheffler – meinte, Demjanjuk könne nichts zur Aufklärung des Sachverhalts beitragen[45].

5. Lauter letzte Prozesse: Demjanjuk und andere späte NSG-Verfahren in der Bundesrepublik

Mit der Rückkehr Demjanjuks aus Israel in die USA schien auch für die deutsche Justiz der Fall abgeschlossen zu sein. Eine Überprüfung, ob juristische Schritte möglich seien, hatte keine Priorität. Es galt die generelle Vermutung jener Jahre, die strafrechtliche Würdigung des KZ-Geschehens sei weitgehend abgeschlossen – eine Vorstellung, die sich fast wie ein roter Faden durch die bundesdeutsche Behandlung von NSG-Verbrechen zog.

---

[43] So zu lesen in der Frankfurter Allgemeinen Zeitung vom 12.5.2009: „Der falsche Iwan. Die verwickelte Geschichte John Demjanjuks" (Friedrich Schmidt), vgl. auch Benz, Henkersknecht, S. 95 f.
[44] Vgl. Berger, NS-Prozesse, S. 28.
[45] Vgl. Frankfurter Allgemeine Zeitung vom 4.7.2009: „Treppenwitz – oder späte Aburteilung eines ‚Hilfswilligen'" (Friedrich Schmidt).

Dabei bewiesen einige Fälle das Gegenteil. Ob der 1987 von Argentinien an Deutschland ausgelieferte Josef Schwammberger (Lagerleiter im Distrikt Krakau), Anton Malloth (Aufseher eines Gestapo-Gefängnisses im heutigen Tschechien), Friedrich Engel (SD-Chef in Genua) oder Josef Scheungraber (als Chef einer Gebirgsjäger-Kompanie 1944 an einem Massaker in Italien beteiligt) – alle kamen vor deutsche Gerichte, und alle galten jeweils als letzte Versuche der Justiz, NS-Verbrechen strafrechtlich zu ahnden. Annette Weinke hat am Beispiel Engel herausgearbeitet, wie wenig energisch die deutschen Behörden dabei mitunter zu Werke gingen[46].

Auffällig bei allen genannten Fällen war die geringe mediale Aufmerksamkeit – jedenfalls im Vergleich zum Demjanjuk-Verfahren. Um eine Zahl zu nennen: Für den Fall Scheungraber, der praktisch unmittelbar vor dem Demjanjuk-Prozess in München verhandelt wurde, fanden sich im Zeitungsarchiv des Bayerischen Rundfunks nur einige Dutzend Artikel, die meisten davon aus der „Süddeutschen Zeitung". Der Schriftsteller Rolf Schneider erkannte in einem Artikel für „Die Welt", dass es durchaus augenfällige Parallelen gab zwischen den beiden Fällen – zum Beispiel das hohe Alter und den gesundheitlichen Zustand der Angeklagten: „Der Prozess selbst soll, wie jeder Strafprozess, der Wiederherstellung des Rechtsfriedens dienen. Das ist seine gesamtgesellschaftliche Funktion, mit der viele Betroffene, weil sie so abstrakt ist, nur wenig anfangen können."[47] Dieser Essay stellte jedoch eine bemerkenswerte Ausnahme in der Berichterstattung in diesem Fall dar. Die überregionale Presse beachtete den Scheungraber-Prozess kaum. Eine mit analogen Mitteln gestartete Suchanfrage im Artikelarchiv brachte im Fall Demjanjuk dagegen mehrere Hundert Artikel zum Vorschein[48].

Eine ähnliche Diskrepanz in der medialen Aufmerksamkeit fand sich auch bei einem zweiten Fall: dem Hauptverfahren, das vor dem Landgericht Aachen fast zeitgleich zum Demjanjuk-Prozess gegen Heinrich Boere er-

---

[46] Vgl. Weinke, Zentrale Stelle, S. 162 ff.
[47] Die Welt vom 18.5.2009: „Eine Frage des Rechtsfriedens" (Rolf Schneider).
[48] Das elektronische Pressearchiv Sphinx wird vom ZDF für einen Medienverbund aus ZDF, Hessischer Rundfunk, Mitteldeutscher Rundfunk, Deutschlandradio und Bayerischer Rundfunk geführt. Der BR gehört dem Verbund seit 2004 an. Die Suchanfrage an das Sphinx-Archiv des BR erfolgte am 14.4.2012 für den Zeitraum vom 1.1.2005 bis zum 30.6.2011. Die Rubrik „Presse gesamt" erbrachte dabei unter dem Stichwort „Scheungraber" 139 Einträge, davon 84 Zeitungsberichte, 53 Agenturmeldungen und zwei Medienpool-Beiträge (Berichte, die sich mit den Medien beschäftigen); für die Abfrage „Demjanjuk" ergaben sich 1491 Einträge, davon 359 Zeitungsartikel, 1121 Agenturmeldungen und 11 Medienpool-Berichte.

öffnet wurde. Die Anklage warf Boere, einem deutsch-niederländischen SS-Angehörigen, den Mord an niederländischen Zivilisten vor. Die mehrmonatige Verhandlung endete mit der Verhängung einer lebenslangen Freiheitsstrafe. Da der Fall einen internationalen Hintergrund hatte und die Vorbereitungen für die Demjanjuk-Verhandlung bereits liefen, zeigten sich die Medien zwar aufmerksamer; überregionale Zeitungen widmeten dem Prozess mehrmals größere Artikel. Jedoch konnte auch hier nicht von einem die Schlagzeilen beherrschenden Medien-Ereignis gesprochen werden. Eine mögliche Erklärung gab die Rechtslage: Sie war im Fall Boere relativ eindeutig. Boere war ohne große Zweifel der Typ des „Exzesstäters" wie er in den Jahren zuvor immer wieder angeklagt und verurteilt worden war. Es war ihm „lediglich" gelungen, sich durch rechtzeitiges Übersiedeln in die Bundesrepublik und wegen juristischer Komplikationen (eine Verurteilung in den Niederlanden wurde wegen formaler Fehler nicht vollzogen) sehr lange der Strafjustiz zu entziehen. An den Taten selbst jedoch bestanden keine Zweifel.

Wer dies alles im Auge behält, kann nicht behaupten, dass der Demjanjuk-Fall einfach in der Kontinuität anderer NSG-Verfahren in Deutschland steht. Im Gegenteil: Man sollte sich davor hüten, die Analogien zu Vorgänger-Prozessen überzustrapazieren. Jenseits einiger äußerlicher wie inhaltlicher Kontinuitäten hatte das Münchner Verfahren seine Eigentümlichkeiten und Besonderheiten. Neben dem besonders großen zeitlichen Abstand zur Tat muss die juristische Problematik hervorgehoben werden, die bei den älteren Verfahren keine Rolle gespielt hatte. Da Jahrzehnte seit der Tat vergangen waren, gestaltete sich die Suche nach Zeugen schwierig. Das wiederum schränkte die Möglichkeit der klassischen Beweisführung ein. Juristisch besonders kompliziert wurde die Demjanjuk-Anklage durch die Vorschrift des Strafgesetzbuchs, dass nur solche Taten strafrechtlich belangt werden können, die entweder von deutschen Staatsbürgern oder auf deutschem Boden begangen wurden oder deren Opfer Deutsche waren[49]. Da Demjanjuk nie die deutsche Staatsbürgerschaft besessen hatte und sich die ihm zur Last gelegten Taten nicht auf deutschem Boden ereignet hatten, schien die Rechtslage für eine Verurteilung schwieriger zu sein als in den genannten Fällen.

Die Staatsanwaltschaft musste also entweder deutsche Opfer unter den Ermordeten finden oder den Angeklagten als deutschen „Amtsträger" betrachten, auf den deutsches Strafrecht anwendbar sei. Diesen Status hätte

---

[49] Vgl. dazu den Hinweis bei Wefing, Fall Demjanjuk, S. 91.

Demjanjuk nach gängiger juristischer Ansicht erlangt, wenn er in seiner Funktion in den Vernichtungslagern einem Polizisten vergleichbar, nicht jedoch, wenn er als Soldat zu behandeln gewesen wäre. Die Klärung dieser Frage war ebenso wichtig wie heikel. Letztlich ging es darum, ob ein ukrainischer Hilfswilliger, der sich kurz zuvor noch in deutscher Kriegsgefangenschaft befunden hatte, zu einem Status gelangen konnte, der dem eines deutschen Polizeibeamten zumindest ähnlich war[50].

Das zweite, wahrscheinlich noch größere juristische Hindernis fand sich in der Vorschrift des Strafgesetzbuchs, die bei den Delikten „Mord" oder „Beihilfe zum Mord" den so genannten Einzeltäternachweis verlangt. Nur wem eine konkrete Tat als Individuum unzweifelhaft zugeordnet werden kann, darf für diese bestraft werden.

Für den Demjanjuk-Prozess war von Beginn an klar, dass hier eine der höchsten Hürden für eine Verurteilung liegen würde. Denn im Vorfeld der Hauptverhandlung hieß es immer wieder, es gebe keinen (lebenden) Augenzeugen, der den Angeklagten während seines Aufenthalts in Sobibór gesehen habe; ebenso fehlten Dokumente, die ihn konkret mit den Mordaktionen dort in Verbindung brachten. Die dritte Möglichkeit – die „Selbstbezichtigung" des Angeklagten durch ein Geständnis oder eine Erklärung zur Sache – schien wenig wahrscheinlich.

---

[50] Vgl. Janson, Hitlers Hiwis, S. 70.

II. Von Israel über Cleveland nach München

1. Der juristische Weg: Recht und Politik

Von John Demjanjuk habe ich vermutlich in den 1980er Jahren das erste Mal gehört. Denn als die beiden Prozesse in Israel stattfanden, hatte ich einen Studenten-Job in einer Redaktion des Bayerischen Rundfunks, die täglich Weltnachrichten in längeren Berichten zusammenfasste. Von diesen Prozessen blieben Tondokumente erhalten, doch leider fehlt mir jede persönliche Erinnerung. Auch den langjährigen Rechtsstreit um den Verbleib Demjanjuks in den USA habe ich nicht bewusst verfolgt.

Vom anstehenden Strafverfahren gegen John Demjanjuk erfuhr ich im November 2008 beim Besuch der Zentralen Stelle in Ludwigsburg. Während eines Interviews mit deren Leiter, Oberstaatsanwalt Kurt Schrimm, deutete dieser an, im Fall Demjanjuk werde man die Akten bald von Ludwigsburg an eine Staatsanwaltschaft im Bundesgebiet abgeben. Die Agenturmeldungen des Frühjahrs 2009 zur bevorstehenden Abschiebung Demjanjuks nach Deutschland machten das Thema dann relevant für den Berufsalltag.

Nach seiner Rückkehr aus Israel hatte John Demjanjuk mehrere Jahre Ruhe vor weiterer juristischer Verfolgung durch amerikanische Staatsanwälte. 1998 gaben ihm die US-Behörden sogar die vor der Auslieferung nach Israel aberkannte amerikanische Staatsbürgerschaft zurück[1]. Er schien damit vor weiteren Prozessen sicher zu sein. Doch wahrscheinlich entsprach dieser Zustand nicht – oder nur kurz – den Tatsachen. Es darf vermutet werden, dass die Justiz der USA nach 1993 vielmehr ihre Kräfte sammelte und ihre Nachforschungen neu organisierte. In der Rückschau scheint es, als seien die US-Behörden, vor allem das *Office of Special Investigations* (OSI), eine Sonderabteilung des Justizministeriums, wieder aktiv geworden, „um ihre verheerende Pleite, Demjanjuks Freispruch in Israel, zu korrigieren".

Als Grund genügte – fast – das Urteil des Obersten Israelischen Gerichtshofs, welches das OSI so lesen konnte, als gebe es ausreichend Beweise für eine Anwesenheit Demjanjuks im Vernichtungslager Sobibór. Erste Anstrengungen zu einem neuen Ausweisungsverfahren gegen Demjanjuk begannen 2001. Ab 2004 verhandelten US-Gerichte auf Bezirks- und Bundesebene dann über eine zweite Abschiebung aus den USA. Das Ergebnis dieser Pro-

---

[1] Vgl. Wefing, Fall Demjanjuk, S. 90; das folgende Zitat findet sich ebenda.

*Abb 1: Thomas Walther
(Photo: Thomas Hauzenberger)*

zesse war für Demjanjuk ungünstig: Die Justiz in Gestalt des Richters Paul Matia urteilte, es gebe genügend Anzeichen, dass Demjanjuk in den Lagern Sobibór, Majdanek und Flossenbürg tätig gewesen sei. Allerdings hatte Demjanjuk nicht nur tüchtige Anwälte, die eine Abschiebung immer wieder hinauszögerten, sondern zunächst auch Glück. So weigerte sich die Ukraine, ihn aufzunehmen[2].

Die Berichterstattung über die Ermittlungen und die Übernahme des Falles durch deutsche Behörden liest sich wie ein Kriminalroman. Vor allem die Zufälligkeit – das Entdecken des Sachstands in den USA durch den Ludwigsburger Ermittlungsrichter Thomas Walther – scheint in einer Ära der weltweiten Vernetzung von Behörden und Ämtern durch Internet und E-Mail einer literarischen Phantasie entsprungen zu sein. Jedoch lässt sich die Version, Walther habe bei einer Internet-Recherche über den Verbleib einer ehemaligen Hundeführerin aus dem KZ Ravensbrück im Januar 2008

---

[2] Vgl. Janson, Hitlers Hiwis, S. 67 f.

zufällig von dem Ausweisungsverfahren gegen Demjanjuk gelesen, nicht durch gegenteilige Informationen erschüttern[3].

Deutschland hatte sich zuvor wiederholt geweigert, Beteiligte am Vernichtungsgeschehen in den Lagern nach ihrer Ausweisung aus den USA aufzunehmen und vor Gericht zu stellen[4]. So äußerte das Auswärtige Amt Bedenken, bei einem Scheitern der Anklage entstünde im Ausland der Eindruck, Deutschland gewähre „Personen mit Nazi-Vergangenheit Schutz und Unterschlupf". Der Fall Demjanjuk könnte also eine Gelegenheit gewesen sein, um einen langjährigen diplomatischen Dissens mit den USA beizulegen. In diesem Sinne käme dem Aufgreifen eines von den USA vorbereiteten Verfahrens durch deutsche Behörden eine politische Dimension jenseits des konkreten historischen Sachverhalts und der strafrechtlichen Vorwürfe zu. Zugleich müsste Demjanjuks Überstellung als symbolisch wichtiger Akt und später Wendepunkt in der Aufarbeitung der NS-Verbrechen durch die deutsche Justiz gedeutet werden. Es gibt Anzeichen, dass es unter den politisch Verantwortlichen im Vorfeld einen längeren Prozess der Entscheidungsfindung gab, wie vorzugehen sei. Es war Politikern und Diplomaten offenbar klar, dass ein solcher Richtungswechsel durchaus mit Risiken behaftet war.

Im Vorermittlungsverfahren war der ehemalige Amtsrichter Thomas Walther zweifellos die zentrale Figur des Münchner Prozesses. Seit er von der US-Entscheidung zur Abschiebung wusste, widmete sich Walther mit großem Engagement der Frage, ob es aufgrund der Erkenntnisse zu Demjanjuks Anwesenheit in Sobibór möglich sei, diesen in Deutschland strafrechtlich zu belangen. In seiner Vernehmung am 2. Februar 2010 erklärte er zwar nur lapidar, er habe sich „Gedanken darüber gemacht, ob die deutsche Justiz nicht doch eine Zuständigkeit habe"[5], doch dürfte das eher eine Untertreibung gewesen sein. Walther wusste höchstwahrscheinlich, dass er sich (zunächst) gegen die Ansicht seines Behörden-Leiters Schrimm stellte. Dieser kannte den Fall Demjanjuk und hatte 2003 in einem Aktenvermerk festgehalten, Demjanjuk sei als Wachmann in Trawniki und in mehreren KZ gewesen, doch lautete seine Schlussfolgerung: „Ein individueller Tat-

---

[3] Vgl. Alice Bota/Kerstin Kohlenberg/Heinrich Wefing, Ivan, der Aufpasser, in: Die Zeit vom 2.7. 2009, S. 13 ff.; eine etwas kompaktere Version findet sich bei Wefing, Fall Demjanjuk, S. 89.
[4] Eine kurze Schilderung der Fälle findet sich ebenda, S. 94 f.; dort findet sich – ohne genaue Quellenangabe – das folgende Zitat aus einem vertraulichen Vermerk aus dem Auswärtigen Amt.
[5] Zit. nach Benz, Henkersknecht, S. 81 f.

vorwurf ist aus den vorgelegten Unterlagen nicht ersichtlich."[6] Das hieß in der juristischen Logik: Da kein individueller Tatvorwurf vorlag, war auch keine Strafverfolgung möglich.

An diesem Punkt begann – neben seiner Arbeit als Rechercheur – Walthers eigentliche juristische Initiative: Anders als Schrimm und ganze Generationen von NS-Strafverfolgern begnügte sich Walther nicht mit der konventionellen Betrachtung des Delikts „Beihilfe zum Mord", die den Einzeltatnachweis fordert. Walthers Theorie nahm den Zweck des Vernichtungslagers Sobibór zum Ausgangspunkt, das ausschließlich zur massenhaften Tötung von Juden errichtet worden sei. Walther entwickelte daraus den Gedanken, es genüge bereits, einen Beitrag zum Funktionieren dieser Tötungsmaschinerie geleistet zu haben, um Mittäter zu sein, woraus wiederum folgte: Die bloße Anwesenheit Demjanjuks als Angehöriger der Trawniki-Einheit im Vernichtungslager Sobibór war strafrechtlich als „Beihilfe zum Mord" zu verstehen. Diese neue, unkonventionelle Logik enthob die Strafverfolgung der Notwendigkeit, den sonst notwendigen Einzeltatnachweis zu erbringen. Dieser Ansatz, so Heinrich Wefing, bot „eine juristische Konstruktion, die dem Mordsystem der Nazis adäquat schien, die das bürokratisch-mechanische Zusammenwirken in der Vernichtungsmaschinerie in den Griff zu bekommen versprach". Diese Theorie war jedoch nie in der Praxis erprobt worden, weder erstinstanzlich noch in der Revision.

Die Skepsis der Justiz gegenüber diesem Ansatz zeigte sich erstmals Ende 2008/Anfang 2009, als die Staatsanwaltschaft München das Verfahren übernehmen sollte, da Walthers Recherchen ergeben hatten, dass Demjanjuk vor seiner Übersiedlung in die USA in Feldafing am Starnberger See und damit im Gerichtsbezirk München gewohnt hatte. Die Behörde zögerte zunächst, die Ermittlungen weiterzuführen. In der Presse war zu diesem Zeitpunkt sogar zu lesen, sie lehne „die Einleitung eines Verfahrens [...] ab, weil sie sich nicht zuständig glaubt. Nun muss der Bundesgerichtshof entscheiden."[7]

Nicht einmal die Entscheidung des 2. Strafsenats des BGH vom Dezember 2008, den bayerischen Behörden eine entsprechende Zuständigkeit zuzuweisen[8], räumte die Meinungsverschiedenheiten zwischen den Strafverfolgungs-

---

[6] Zit. nach Wefing, Fall Demjanjuk, S. 96; das folgende Zitat findet sich ebenda, S. 108.
[7] Tageszeitung vom 1.12.2008: „Ermittlungen gegen Nazis wollen nicht enden" (Klaus Hillenbrand).
[8] Vgl. Süddeutsche Zeitung vom 11.11.2008: „KZ-Wächter Demjanjuk soll in München vor Gericht" (Robert Probst).

Organen in Ludwigsburg und München aus. So berichtete die „Süddeutsche Zeitung" noch im Februar 2009 von einem Dissens zwischen dem Leiter der Ludwigsburger Zentralstelle, Schrimm, und der Staatsanwaltschaft in München. Das Blatt zitierte dabei den obersten Ludwigsburger Ermittler, Kurt Schrimm, mit den Worten: „Ich halte eisern daran fest: Die Akten, die wir geliefert haben, sind vollständig und reichen zur Erhebung der Anklage völlig aus." Seine Kollegen in München sahen das freilich „anders"[9]. Überdies erfuhr der Leser, dass die bayerischen Behörden vor Erhebung der Anklage noch die Echtheit des wichtigsten Beweisstücks – Demjanjuks Dienstausweis – überprüfen lassen wollten.

Welche Bedenken die Münchner Justiz zu diesem Zeitpunkt hatte, wird sich erst endgültig klären lassen, wenn die internen Aktenvermerke und Beurteilungen der Staatsanwälte nach Ablauf der amtlichen Sperrfristen eingesehen werden können. Es dürfte den Verantwortlichen aber zumindest klar gewesen sein, dass der positive Ausgang eines Gerichtsverfahrens – ein Urteil jedweder Art – zu diesem Zeitpunkt keineswegs sicher war, nicht zuletzt wegen Demjanjuks Gesundheitszustand. Im Nachhinein betrachtet bewirkte die Vorsicht aber immerhin, dass es während der mündlichen Verhandlung keine Diskussionen mehr über die Frage des „gesetzlichen Richters" gab. Sie war geklärt, als die Hauptverhandlung begann.

2. Der journalistische Weg: Vorboten eines Großereignisses

Die bereits zitierten Presse-Berichte über den Fall Demjanjuk zeigten, dass die journalistische Beobachtung bereits lange vor dem Eintreffen des Beschuldigten in der Bundesrepublik eingesetzt hatte. Daher kann eine Betrachtung der journalistischen Begleitung des Falles nicht erst mit den Geschehnissen des Mai 2009 oder gar des November 2009 beginnen. Das gilt, obwohl für die Zeit vor der Übernahme des Falles durch die deutsche Justiz – und der möglichen Überstellung Demjanjuks – festzustellen ist, dass deutsche Medien sich sehr lange mit Berichten über den Rechtsstreit zwischen den USA und Demjanjuk zurückhielten. Es scheint, als interessierte die Möglichkeit nicht, dass ein mutmaßlicher Tatgehilfe im Völkermord-Geschehen des Zweiten Weltkriegs in Deutschland vor Gericht gestellt werden könnte.

Eine der wenigen Ausnahmen fand sich im Juni 2005 in der „Süddeutschen Zeitung". Es ist wahrscheinlich, dass der Artikel auf zwei Meldungen

---

[9] Süddeutsche Zeitung vom 20.2.2009: „Jeder Monat zählt" (Joachim Käppner/Robert Probst).

von internationalen Nachrichtenagenturen zurückging, die tags zuvor in deutscher Sprache verbreitet worden waren. Sowohl die etwa zehn Zeilen lange Meldung von AFP als auch der noch etwas kürzere Text der Agentur Reuters berichteten von einer gerichtlichen Entscheidung, die eine Ausweisung aus den USA ermöglichte[10]. Dass Zeitungsredakteure solche kurze Agenturmeldungen zum Anlass (im Fachjargon: „Aufhänger") nehmen, um eine „Story" aufzugreifen und den Sachverhalt – verbunden mit eigenen Recherchen – zu einem Artikel mit eigener Autorenzeile zu verarbeiten, ist nicht unüblich. Dieser Artikel dürfte typisch sein. Der Autor, Thomas Urban, wies darauf hin, dass es den US-Behörden aus formalen Gründen relativ leicht falle, Demjanjuk die amerikanische Staatsbürgerschaft abzuerkennen:

„Die US-Richter [...] beschuldigten Demjanjuk, beim Einwanderungsverfahren vor einem halben Jahrhundert die Zugehörigkeit zur SS nicht angegeben zu haben. Dies sei als Ausweisungsgrund ausreichend."[11]

Der SZ-Artikel blieb jedoch ein Unikat. Der Hinweis auf den Gesamtzusammenhang, den Urban noch erwähnte („Nun geht der Fall in die nächste Instanz – eine Anhörung ist für den 30. Juni angesetzt.") wurde nicht aufgegriffen. In der deutschen Medienberichterstattung trat eine Pause von fast genau drei Jahren ein! Für diesen sehr großen Zeitraum ließen sich im elektronischen Artikelarchiv keinerlei Meldungen oder Beiträge über den Fortgang des Verfahrens finden. Daraus ist zu schlussfolgern: Solange ein Überstellen des Beschuldigten an die Justiz der Bundesrepublik nicht akut war, fehlte es den deutschen Medien entweder an Interesse oder an redaktionellen Ressourcen.

Erst ab dem Frühsommer 2008 fand eine Art Wiederaufnahme der Berichterstattung statt. Die „tageszeitung", die „Frankfurter Rundschau" und die „Berliner Zeitung" griffen den Fall auf. Keiner der drei Artikel ließ jedoch den Anlass für die Berichterstattung erkennen. Im „taz"-Artikel hieß es zum Beispiel nur: „Jetzt" habe sich das OSI „hilfesuchend an Deutschland gewandt"[12]. Dieses „Jetzt" war in seiner Unbestimmtheit insofern ungewöhnlich, als in den meisten aktuellen Zeitungsberichten ein zeitlich klar erkenn-

---

[10] Die AFP-Meldung „US-Richter erlaubt Ausweisung von früherem KZ-Wächter" wurde am 21.6.2005 um 5:33 Uhr gesendet; die Reuters-Meldung („Früherer KZ-Wächter Demjanjuk kann aus den USA ausgewiesen werden") am 21.6.2005 um 9:08 Uhr.
[11] Süddeutsche Zeitung vom 22.6.2005: „Die lange Geschichte des schrecklichen Iwan"; das folgende Zitat findet sich ebenda.
[12] Tageszeitung vom 17.6.2008: „Der Verbrecher, den keiner haben will" (Klaus Hillenbrand).

barer Zusammenhang zwischen Ereignis und medialer Darstellung sichtbar ist – und sei es nur ein „gestern geschah". Eine mögliche Erklärung für das Erscheinen der Artikel wäre das Scheitern des letzten Einspruchs der juristischen Vertreter Demjanjuks gegen den Ausweisungsbeschuss. In der „Frankfurter Rundschau" hieß es dazu aber nur ungenau: „Jetzt lehnte das Oberste Gericht seine Berufung ab."[13]

Die zweite Möglichkeit für das Aufflammen der Berichterstattung zu diesem Zeitpunkt wäre das fünfzigjährige Bestehen der Ludwigsburger Zentralen Stelle. Diesem Ereignis widmeten die Medien über Monate relativ viel Aufmerksamkeit. Große Tageszeitungen und das Nachrichtenmagazin „Der Spiegel" publizierten etwa ein Dutzend Artikel. Der Fall Demjanjuk – dieser Eindruck drängte sich auf – verdeutlichte dabei die Arbeit der Behörde; er war quasi das aktuelle Beispiel.

Rein äußerlich gesehen ging es in dieser Phase zwar lediglich darum, das diplomatische Drängen der Vereinigten Staaten gegenüber der Bundesrepublik darzustellen, eine Auslieferung Demjanjuks zu verlangen. Der bereits erwähnte Artikel der „tageszeitung" formulierte: „Noch gibt es kein formelles Auslieferungsersuchen Deutschlands gegen John Demjanjuk. Es sollte bald gestellt werden."[14] In ähnlichem Sinn berichtete wenige Tage später die „Frankfurter Rundschau": „Das Schreiben der US-Justiz enthalte aber kein formelles Aufnahmeersuchen, ließ das Auswärtige Amt wissen."[15] In diesem Artikel war erstmals auch von Ermittlungen der Zentralen Stelle in Ludwigsburg die Rede.

Wegen der inhaltlich kompakten Form, in der das Ergebnis der Vorermittlungen der ZSL dargestellt wurde, ist auch ein Artikel in der „Frankfurter Allgemeinen Zeitung" erwähnenswert[16]. Er wies unter anderem erstmals auf die Bedeutung von Demjanjuks Dienstausweis für die Beweisführung hin sowie auf die Zuständigkeit des Münchner Gerichts, einschließlich eines „konkurrierenden" Ermittlungsverfahrens in Spanien. Aus der Sicht eines interessierten Juristen war dieser Text derjenige, der die meisten Einzelheiten enthielt und der sachkundigste war. So erhielt der Leser den

---

[13] Frankfurter Rundschau vom 21.6.2008: „Späte Gerechtigkeit. USA wollen mutmaßlichen NS-Verbrecher Demjanjuk loswerden. Anklage in Deutschland möglich" (Volker Schmidt/Matthias Thieme).
[14] Tageszeitung vom 17.6.2008: „Der Verbrecher, den keiner haben will".
[15] Frankfurter Rundschau vom 21.6.2008: „Späte Gerechtigkeit" (Volker Schmidt/Matthias Thieme).
[16] Frankfurter Allgemeine Zeitung vom 11.11.2008: „Demjanjuks Dienstausweis" (Friedrich Schmidt).

Eindruck, aus der Sicht des Autors kreise die Problematik des Falles um strafrechtliche Fragen. Die zeithistorische Bedeutung blieb dagegen erstaunlich schemenhaft. Der Autor erwähnte zum Beispiel nicht einmal den Begriff Trawniki, sondern bezeichnete Demjanjuk nur unpräzise als „Wachmann".

Insgesamt blieb die Zahl der bis Ende 2008 veröffentlichten Artikel sehr gering; ich habe nicht mehr als 20 Beiträge finden können. Für das Herausarbeiten einer generellen Tendenz ist diese Basis zu schmal. Allenfalls kann ein Tenor der Berichterstattung skizziert werden. So scheint klar, dass für die Journalisten in dieser frühen Phase die Gemeinsamkeiten mit den Vorgänger-Prozessen gegen Täter in den KZ überwogen. Auffällig oft kombinierten die Autoren etwa den Namen Demjamjuk mit dem Begriff „NS-Verbrecher" (so beispielsweise die „Frankfurter Rundschau" am 21. Juni 2008) – eine stereotype Kategorisierung, die sich über die Jahrzehnte der Aufarbeitung des Holocaust-Geschehens eingebürgert hat. Da bei den Trawniki-Männern die ideologische Motivation jedoch unklar war, lief diese oberflächliche Etikettierung auf eine Gleichsetzung mit deutschen Tätern hinaus – was ein schiefes Bild des Beschuldigten zeichnete.

Auch der Begriff „KZ-Wächter"[17] war beim lesenden Publikum bereits durch die Verfahren der 1960er bis 1980er Jahre etabliert. Immerhin fand sich jedoch in der „taz" bereits ein erster Hinweis auf die Problematik der Trawniki, wenngleich in allgemeiner Form und sehr kurz. Wörtlich hieß es: „Tausende Ukrainer arbeiteten im Zuge der Judenvernichtung für die Nazis, sperrten Ghettos ab, taten Dienst in Lagern, mordeten und folterten. Kaum einer wurde jemals dafür zur Verantwortung gezogen."[18] Der „Spiegel" berichtete in einem Artikel im November 2008 mit ähnlicher Tendenz über die Funktion der Trawniki:

„Sie machten für die Nazis die Drecksarbeit in den eroberten Ostgebieten, teils freiwillig, oft auch erzwungen. [...] Diese Leiharbeiter des Todes nahmen an Massenerschießungen teil und halfen, Juden-Ghettos auszulöschen."

Zugleich hielt das Nachrichtenmagazin eine Art Gesamtsicht der deutschen Justiz auf diese Gruppe von Tatbeteiligten im Holocaust fest: „Und in der Bundesrepublik fühlt sich bis heute keine Staatsanwaltschaft zuständig für ausländische NS-Täter, die in deutschem Namen in eroberten Ländern

---

[17] Vgl. z. B. Süddeutsche Zeitung vom 11.11.2008: „KZ-Wächter Demjanjuk soll in München vor Gericht" (Robert Probst).
[18] Tageszeitung vom 17.6.2008: „Der Verbrecher, den keiner haben will" (Klaus Hillenbrand).

gemordet hatten."[19] Angesichts der überaus dünnen Forschungsliteratur zeugte diese weitgehend korrekte Einordnung von beträchtlichen Fachkenntnissen.

3. 50 Jahre Ludwigsburg – ein Geburtstagsgeschenk für die Staatsanwälte?

Publizistisch im Vordergrund stand im Herbst 2008 aber eindeutig das Ludwigsburger Jubiläum. Dabei glich die Berichterstattung mitunter einem populär formulierten Kurzabriss der Verfolgung von NS-Tätern durch die bundesdeutsche Strafjustiz nach 1945. Mit teilweise sehr farbigen Schilderungen stellten die Artikel dar, wie schwierig die Recherchen der Ludwigsburger Ermittler seien. So hieß es zum Beispiel in einem Artikel:

„Die Fahnder tragen Puzzleteile zusammen [...], sind Detektive, Staatsanwälte und Historiker in Personalunion. Sie arbeiten kriminalistisch, sie bereiten Anklageschriften vor. Und graben sich zugleich tief in Geschichte und Strukturen der Nazi-Diktatur ein."[20]

Immer wieder betont wurde auch die Absicht, weitere Fälle zu untersuchen.

In Kontext des Jubiläums kam der Fall Demjanjuk sozusagen wie gerufen, um die Existenz der Behörde zu rechtfertigen. Robert Probst ging in der „Süddeutschen Zeitung" sogar so weit zu schreiben, Ludwigsburg könne seine eher magere Bilanz dank der Demjanjuk-Recherche „kräftig aufpolieren"[21]. Wie offen die Autoren die Verbindung zwischen Jubiläum und dem Fall Demjanjuk herstellten, verblüfft bei der Lektüre geradezu. So wurde sogar von einer „Art Geburtstagsgeschenk für die Behörde"[22] geschrieben. Allerdings erwähnte keiner der „Jubiläums-Artikel" die spezielle Problematik der Trawniki. Die Leser erfuhren also nicht, dass die Kontinuitätslinie vom Ulmer Einsatzgruppenprozess bis zu Demjanjuk keineswegs gradlinig verlief und der anstehende Prozess schwierigste juristische und historische Fragen aufwerfen würde.

Obwohl es im Winter 2008/09 immer wahrscheinlicher wurde, dass der Fall Demjanjuk ein deutsches Gericht beschäftigen würde, trat nun aber-

---

[19] Der Spiegel vom 17.11.2008: „Leiharbeiter des Todes" (Jan Friedman/Marcel Rosenbach).
[20] Der Spiegel vom 6.10.2008: „Das Mörderpuzzle" (Jan Friedmann).
[21] Süddeutsche Zeitung vom 11.11.2008: „KZ-Wächter Demjanjuk soll in München vor Gericht".
[22] Süddeutsche Zeitung, 29./30.11.2008: „Das ewige Puzzle. Seit 50 Jahren klärt Justizbehörde Nazi-Verbrechen auf".

mals eine Art Pause in der Berichterstattung ein. Zwar melden die Münchner Zeitungen Mitte Dezember 2008, der Bundesgerichtshof habe die Justiz in der bayerischen Landeshauptstadt für zuständig erklärt[23], doch auf diese nachrichtlich-nüchtern geschriebenen Meldungen folgte nur ein „Spiegel"-Interview mit dem Chef des OSI, Eli Rosenbaum, zum Stand der Abschiebung und zur Echtheit des Dienstausweises von Demjanjuk[24].

Dieses plötzliche Abbrechen der Berichterstattung ist umso rätselhafter, als zu diesem Zeitpunkt bereits die Ermittlungsakte von Ludwigsburg nach München verschickt worden war. Erst ab dem Februar 2009 lässt sich eine gewisse Kontinuität in der Berichterstattung erkennen. Der Grund dürfte ohne Zweifel in den sehr konkreten Schritten der Justiz zu sehen sein: Die deutschen Behörden stellten nun den Haftbefehl gegen John Demjanjuk aus. Die „Frankfurter Allgemeine Zeitung" meldete am 12. März 2009 zudem in einem knappen nachrichtlichen Artikel, ein Gutachten des bayerischen Landeskriminalamts habe die Echtheit des Dienstausweises ergeben[25]. Das zweite absehbare Ereignis war die Abschiebung Demjanjuks in die Bundesrepublik. Sie als Anlass für eine verstärkte Aufmerksamkeit zu sehen, liegt auf der Hand. Die erwartbare Ankunft des Beschuldigten in Deutschland führte in der ersten Aprilhälfte 2009 zu einem ersten Höhepunkt der Berichterstattung. Auch fand das Thema nun in Medien Platz, die es zuvor übergangen hatten, etwa im Fernsehen. Das Problem bestand für die Berichterstatter allerdings darin, dass auf die Prophezeiung kein Ereignis folgte, denn die Abschiebung verzögerte sich. Insofern wird man fast von einer vorauseilenden Berichterstattung – basierend auf einer virtuellen Faktenlage – sprechen müssen. Erst beim zweiten Höhepunkt der Berichterstattung im Mai 2009 folgte den Meldungen der Medien tatsächlich die Ankunft des Beschuldigten in der Bundesrepublik.

Wichtiger als die berichtenden Artikel zum Eintreffen Demjanjuks in München sind für unseren Gesamtzusammenhang jene Artikel, die sich mit dem historischen Hintergrund beschäftigen. Diese Art der vertiefenden Berichterstattung setzte nun ein. Unter anderem verfolgen die Journalisten die bereits im Spätherbst 2008 angedeutete Problematik der Trawniki-Männer nun erheblich nuancierter und ausführlicher.

---

[23] Vgl. z. B. Süddeutsche Zeitung vom 12.12.2008: „Erste Entscheidung im Fall Demjanjuk" (Helmut Kerscher/Robert Probst).
[24] Vgl. Der Spiegel vom 20.12.2008: „Wir kooperieren eng".
[25] Vgl. Frankfurter Allgemeine Zeitung vom 12.3.2009: „Haftbefehl gegen Demjanjuk" (Albert Schäffer/Friedrich Schmidt).

Beispiel dafür ist ein längerer Beitrag im Magazin „Der Spiegel", der im März 2009 nicht nur die Vorwürfe gegen Demjanjuk und sein Vorleben beschrieb, sondern anhand von Aussagen seiner deutsche Vorgesetzten auch den Alltag des Vernichtungsgeschehens und die Besonderheiten im KZ Sobibór erläuterte[26]. Das Fazit lautete: „Ohne die Trawnikis hätte es den Holocaust im von Deutschland besetzten Polen so nicht gegeben." Zudem wurden in dem Artikel weitere Namen von Trawniki genannt – zum Beispiel Klimenko und Daniltschenko. Sie sollten im Verlauf des Geschehens in München wieder auftauchen.

Ergänzend zur Darstellung der Fakten fand der Leser eine Einordnung der Vorwürfe gegen Demjanjuk durch einen juristischen Experten – den niederländischen Professor für Strafrecht Christian F. Rüter, der Demjanjuk als den „kleinste[n] der kleinen Fische" bezeichnete. Einer Erwähnung wert ist eine Passage, in der der „Spiegel" die juristischen Probleme einer Beihilfe zum Mord ohne den Nachweis einer Einzeltat – sicherlich gewollt – einem politisch sehr heiklen Vergleich unterzog: „Das Vorgehen erinnert viele Juristen an das Rechtskonstrukt der ‚terroristischen Vereinigung', mit der einst die deutsche Justiz gegen die RAF vorging. Ein juristisches Novum."

4. Exkurs: Probleme der Bildberichterstattung

Zu den schwierigsten Punkten, die hier bewertet – oder zumindest erwähnt – werden müssen, gehört die optische Aufbereitung des Themas, da Presseartikel nicht nur aus Text-, sondern auch aus Bildinformationen bestehen. Das Problem für eine genaue Auswertung besteht allerdings darin, dass die elektronische Pressedatenbank „Sphinx", als Basis dieser Analyse, nur erwähnt, welche Fotos dem jeweiligen Artikel beigestellt wurden; die Bilder als solche stehen jedoch nicht zur Betrachtung zur Verfügung. Da mein privates „Artikel-Ausschnitt-Archiv" nicht vollständig ist, muss ich hier mit großer Vorsicht vorgehen. Die Eindrücke aus dem begrenzten Material legen jedoch den Schluss nahe, dass bis zum Eintreffen von Demjanjuk in der Bundesrepublik die Varianz der optischen Darstellung gering war. Es gab offensichtlich nur wenige Fotomotive zur Illustration der Texte. So benutzten die Printmedien bis zum Mai 2009 immer wieder ein Bild Demjanjuks, das diesen mit einer Mütze und einer schwarzen (Kunst-)Lederjacke bekleidet zeigte[27].

---

[26] Der Spiegel vom 16.3.2009: „Mord nach Vorschrift" (Georg Bönisch u.a.).
[27] Vgl. z.B. Der Spiegel vom 6.4.2009: „Das letzte Aufgebot".

Ein zweites „beliebtes" Motiv war der Dienstausweis Demjanjuks, der mehrmals (farbig oder schwarz-weiß) abgedruckt wurde[28]. Dazu kamen noch einige wenige historische Fotos, die sich in den Archiven von Mordaktionen des nationalsozialistischen Terrorapparats in Osteuropa erhalten haben. Wenn weiteres Bildmaterial erforderlich war, wurden auch Fotos von Hitler und Himmler benutzt, obwohl ein Erklärungszusammenhang aus der Sicht des Historikers nur mittelbar bestand. Doch ist es wahrscheinlich, dass die Produktions- und Bildredakteure glaubten, die Symbolik dieser Fotos erkläre sich mehr oder weniger von selbst: Hitler und Himmler als Hauptverantwortliche für den Holocaust hatten „Wiedererkennungswert". Dazu kam die Material-Not; man konnte nicht – wie gewünscht – aus dem Vollen schöpfen.

Eine Zwischenbilanz für die Berichterstattung bis zum Frühjahr 2009 muss anerkennen, dass die Leserschaft großer deutscher Tageszeitungen und Nachrichtenmagazine relativ gut informiert war, wenn sie die einschlägigen Artikel studiert hatte. Zumindest durfte sie sich allgemein vorinformiert fühlen, als Demjanjuk in Deutschland eintraf. Dessen Lebensgeschichte war praktisch von seiner Kindheit bis einschließlich der Prozesse in Israel und der Rückkehr in die USA erzählt worden. Vielleser hatten auch Informationen über den Standpunkt seiner Verteidigung gefunden. So interviewte zum Beispiel die „Süddeutsche Zeitung" im April 2009 einen der amerikanischen Rechtsbeistände Demjanjuks, John Broadley, und den späteren Wahl-Anwalt, Ulrich Busch[29]. Wer die Artikel und Berichte zur historischen Problematik der Trawniki im Holocaust-Geschehen gelesen hatte, dürfte auch verstanden haben, dass das Münchner Verfahren keineswegs nur als Fortsetzung früherer NSG-Verfahren zu sehen war, sondern dass seine historischen und juristischen Besonderheiten auch nicht absehbare Konsequenzen für die mündliche Verhandlung haben konnten.

---

[28] Vgl. etwa Der Spiegel vom 18.5.2009: „Der dunkle Kontinent"; hier wurde der Trawniki-Ausweis sogar vergrößert wiedergegeben. Vgl. auch Süddeutsche Zeitung vom 6.4.2009: „Dieser Mann steht an der Schwelle des Todes" (Alexander Krug/Christian Wernicke) und vom 20.2.2009: „Jeder Monat zählt"; hier ist ebenfalls das „Mützenfoto" Demjanjuks abgedruckt.
[29] Vgl. Süddeutsche Zeitung vom 8.4.2009: „Lasst ihn in Frieden sterben'. Neuer Anwalt von Demjanjuk fordert Stopp der Abschiebung" (Alexander Krug).

5. Warten auf John D.: Nachrichten über ein Nicht-Ereignis

John Demjanjuks Ankunft in München stellte aus der Sicht der Medien – vor allem für Tageszeitungen und Nachrichtenagenturen – das erste wirkliche *Highlight* der Berichterstattung dar. Die Verzögerung der Abschiebung aus den USA, die die Ankündigung der „Süddeutschen Zeitung" am 2. April 2009, der „ehemalige KZ-Aufseher John (Iwan) Demjanjuk" solle „am kommenden Montag in München eintreffen"[30], binnen kurzem als verfrüht brandmarkte, bot sich aus journalistischer Sicht durchaus als Spannungsbogen an. Die Ungewissheit war eher willkommen, denn einerseits ließen sich die juristischen Manöver der Anwälte auch dem Publikum vermitteln. Andererseits konnten die Medien auch über die Urteile der US-Gerichte berichten, die zu dem Aufschub führten. Sie eröffneten Möglichkeiten zur Spekulation, etwa in dem Sinn, dass mit dieser Entscheidung „ein möglicher Strafprozess wieder in weite Ferne gerückt" sei[31].

Die erste Verzögerung im Ablauf ließ sich darüber hinaus als frühes Omen der Problematik sehen, die das gesamte Verfahren kennzeichnete. So wies die „Süddeutsche Zeitung" in einem sehr generell formulierten Kommentar auf das Problem des großen zeitlichen Abstands zwischen Tat und Ahndung hin:

„Letztlich birgt ein Strafverfahren fast 66 Jahre nach einer mutmaßlichen Tat immer ein Risiko. [...] Niemand wird einen wirklich Schwerkranken vor Gericht stellen, die Entscheidung liegt somit in der Hand von Ärzten."[32]

Ähnlich skeptisch im Tonfall war auch eine Analyse der „Süddeutschen" zu den Unwägbarkeiten später NSG-Verfahren:

„Das Gericht muss Rücksicht nehmen auf Alter und Krankheit; es darf den Angeklagten nicht zu Tode verhandeln. [...] Der Prozess schleppt sich dann dahin, wie sich schon viele Nazi-Prozesse dahingeschleppt haben. Dann wird das öffentliche Interesse schnell müde, noch schneller womöglich als der Angeklagte."[33]

Ob diese Sätze frühere Erfahrungen zusammenfassten, sei dahingestellt. Sie sollten sich jedenfalls für das Demjanjuk-Verfahren im Jahr 2010 als äußerst zutreffend herausstellen.

Der zitierte Artikel war Teil einer Themenseite, die die „Süddeutsche Zeitung" dem Fall und seinen Weiterungen widmete. Sie bestand neben der

---

[30] Süddeutsche Zeitung vom 2.4.2009: „Endstation München" (Stephan Handel/Alexander Krug).
[31] Süddeutsche Zeitung vom 6.4.2009: „Dieser Mann steht an der Schwelle des Todes".
[32] Süddeutsche Zeitung vom 6.4.2009: „In der Hand der Ärzte" (Alexander Krug).
[33] Süddeutsche Zeitung vom 16.4.2009: „Wahrheit verjährt nicht" (Heribert Prantl).

erwähnten Analyse auch aus einem Interview mit dem Sohn Demjanjuks, John Demjanjuk jr., der so den Standpunkt der Familie zum Verhalten der deutschen Behörden formulieren konnte. Über das (stets anzutreffende) Gesundheitsargument hinaus verdient besondere Erwähnung, dass sich aus den Antworten des Sohnes relativ deutlich antisemitische Ansichten herauslesen ließen. So erklärte Demjanjuk jr. zum Freispruch in Israel: „Seither versuchen viele jüdische Organisationen, meinen Vater wieder vor Gericht zu kriegen. Aber Israel hat selbst gesagt – das wäre eine zweite Anklage für dieselbe Tat."[34] Das erweckte den Anschein, als steckten jüdische Lobbygruppen hinter der Strafverfolgung – und nicht US-Justizbehörden.

Optisch auffällig platziert war im unteren Viertel der Seite eine Aufzählung von fünf Beispielfällen später Prozesse gegen Holocaust-Täter; sie hatte die gemeinsame Überschrift „Alte Männer, späte Urteile" und wurde jeweils mit Porträt-Fotos der Betreffenden (und einem braunen Streifen links neben dem Foto) optisch aufbereitet. Die Vorstellung der Fälle selbst erfolgte in kurzen Texten von weniger als 20 Zeilen. Bei näherer Betrachtung ist auffällig: In allen geschilderten Fällen waren die Angeklagten deutsche Staatsbürger, darunter teilweise hochrangige SS-Offiziere wie Obersturmbannführer Erich Priebke, der in Italien von 1995 an zwei Strafverfahren durchlaufen hatte. Anton Malloth und Julius Viel anzuführen war zweifelhaft, weil sie nicht in das angegebene Schema passten, denn sie waren wegen „Exzesstaten" verurteilt worden. Insgesamt betrachtet waren die Vergleichspunkte zum Fall Demjanjuk eher gering. Einziges schwaches Bindeglied zwischen den Fällen blieb in der Tat der weite zeitliche Abstand zwischen Delikt und Strafverfolgung.

In ähnlicher Weise generalisierend nutzten auch andere Qualitätsmedien das Warten auf die Ankunft Demjanjuks. So verwies der „Spiegel" im April 2009 auf weitere Lebensgeschichten und Tatvorwürfe, die denen von Demjanjuk verwandt seien. Auch in diesem Artikel wurden Namen genannt, ja sogar einige Porträtfotos gedruckt. Unter anderem erwähnte der Artikel Schätzungen, nach denen bis zu 10 000 NS-Kollaborateure nach dem Zweiten Weltkrieg in die USA ausgewandert seien. Über die langwierige juristische Behandlung des konkreten Falles hieß es unter anderem: „So hätten die USA den mutmaßlichen KZ-Wächter Demjanjuk längst in die Ukraine oder nach Polen ausgeliefert, wenn es denn dort Interesse an einer Strafverfolgung gegeben hätte." Dann zitierte das Magazin Christian F. Rüter als

---

[34] Süddeutsche Zeitung vom 16.4.2009: „‚Mein Vater ist zu krank'. Demjanjuks Sohn im Gespräch" (Christian Wernicke).

Experten für die Verfolgung von NS-Straftätern. Die Passage lautete wörtlich: „‚Hohe Beamte, Offiziere, Kommandeure haben in Ruhe ihre Pension verzehrt [...] dieser Greis soll nun alles ausbaden.' [...] Rüter meint Demjanjuk."[35]

Informativ war in diesen Tagen der Berichterstattung ein Beitrag in der „tageszeitung", der sich abermals mit den Trawniki beschäftigte und auf ihr Dilemma einging:

> „Sie hatten in deutschen Gefangenenlagern dahinvegetiert, den Tod vor Augen, bis sie das Angebot zur Ausbildung bekamen. Manche von ihnen taten ihren Dienst überaus korrekt und wurden befördert. Andere schlugen über die Stränge. Der Wachmann im Vernichtungslager Sobibór, Iwan Demjanjuk, erhielt 25 Stockschläge, weil er sich unerlaubt von seinem Arbeitsplatz entfernt hatte. Er ist niemals befördert worden. Er ist aber auch, anders als viele seiner Kollegen, nicht desertiert."[36]

In diesen Sätzen klang die Besonderheit des Falles klar an. Zumindest wurde dem Leser vor Augen geführt, dass es neben der „Täterseite" bei Demjanjuk auch eine „Opferseite" und einen möglichen Wechsel der Rollen während des Krieges gegeben hatte.

Am Tag der Abschiebung Demjanjuks, dem 12. Mai 2009, veröffentlichte die „Frankfurter Allgemeine" schließlich nochmals eine umfassende Darstellung der Lebensgeschichte und des gesundheitlichen Zustands des Beschuldigten. Den knapp 200 Zeilen langen Artikel ergänzte optisch ein Ausschnitt aus dessen Dienstausweis. Der Beitrag enthielt abermals eine Einschätzung des niederländischen Experten Rüter, die sich nicht von dem im „Spiegel" angeschlagenen Tenor unterschied. Zudem bilanzierte der Autor in den letzten Passagen den Verfahrensstand und wies auf die Schwierigkeiten der Beweisführung hin: „Dessen [Demjanjuks] Verhandlungsfähigkeit vorausgesetzt, hätte das Landgericht zu klären, ob eine Verurteilung Demjanjuks möglich ist, ohne das konkrete Ausmaß seiner Schuld zu kennen."[37] Die Skepsis des Autors, ob die von Thomas Walther entwickelte Fabriktheorie den traditionellen Einzeltäternachweis des Strafrechts in diesem Fall ersetzen könne, war unübersehbar.

Der nachrichtliche Gehalt der Berichterstattung im April 2009 ist gering. Angesichts der Ungewissheit begnügten sich viele Artikel mit dem, was im Mediendeutsch als „Frontalberichterstattung" bezeichnet wird, das heißt, sie konzentrierten sich auf Zusammenfassungen der Geschehnisse.

---

[35] Der Spiegel vom 6.4.2009: „Das letzte Aufgebot".
[36] Tageszeitung vom 8.4.2009: „Der Handlanger des Todes" (Klaus Hillenbrand).
[37] Frankfurter Allgemeine Zeitung vom 12.5.2009: „Der falsche Iwan".

Mal wurde eine neuerliche „Wende im Fall Demjanjuk" gemeldet[38]. Tags darauf hieß es dagegen, der „Verdächtige erschöpft den Rechtsweg in Amerika", weil ein amerikanischer Anwalt angekündigt habe, erneut Berufung einzulegen[39]. Man wird kritisch fragen müssen, ob dies der Orientierung eines Lesers geholfen hat, der nicht mit den Prozeduren der US-Justiz vertraut ist. Ohne eine Hilfestellung in Form von Erklärungen zu geben, löste die bloße Wiedergabe von juristischen Interventionen im Abschiebeverfahren in der zweiten Hälfte des April 2009 nur weitere Wellen in der Berichterstattung aus. Doch blieben mehr Fragen offen als Antworten gegeben wurden. Diese Kritik bezieht auch Artikel ein, in denen der deutsche Wahlverteidiger Ulrich Busch ankündigte, durch Klagen einen weiteren Aufschub erreichen zu wollen, wenn nicht sogar eine Abschiebung zu verhindern[40]. Diese Berichte stellten nur sehr rudimentär klar, dass ein förmliches Auslieferungsersuchen der Bundesrepublik an die USA nur eine zeitliche Verzögerung bedeutet hätte, während das Abschiebungsverfahren wesentlich schneller zu einer Entscheidung führen konnte. Zu Gunsten der Kollegen lässt sich nur anführen: Zu diesem Zeitpunkt hatte es sich noch nicht herausgestellt, dass Busch gerne hohe Gerichte für „seine Sache" bemühte – jedoch fast immer ins Leere lief.

6. Die Ankunft – die Zeit der großen Hintergründe

Das eigentliche Ereignis, die Ankunft Demjanjuks in Deutschland, behandelten die Medien in überwiegend konventioneller Weise. Sie stellten die tagesaktuellen Geschehnisse sehr in nüchterner, beschreibender Sprache dar, ohne längere analysierende Passagen oder einen einordnenden Textteil. Der ARD-Tagesschau war die Nachricht Platz Eins in ihrer Abendausgabe um 20 Uhr wert: Sie zeigte Bilder von der Ankunft des Flugzeugs in München, vom Transport ins Gefängnis und interviewte den Pflichtverteidiger Günther Maull[41]. Ein Musterbeispiel für diese Art der Berichterstattung war der Einleitungssatz eines Artikels in der „Frankfurter Allgemeinen Zeitung" vom 13. Mai 2009: „Der 89 Jahre alte John Demjanjuk ist am

---

[38] Süddeutsche Zeitung vom 7.4.2009: „Wende im Fall Demjanjuk" (Alexander Krug).
[39] Frankfurter Allgemeine Zeitung 8.4.2009: „Warten auf Demjanjuk" (Friedrich Schmidt).
[40] Vgl. Süddeutsche Zeitung vom 8.4.2009: „Lasst ihn in Frieden sterben".
[41] Der elektronische Archivfile dazu findet sich im BR-Medienbroker, Rubrik „FESAD-Archiv", unter der Nr. MPG88151.

Die Ankunft – die Zeit der großen Hintergründe 43

Dienstag nach seiner Abschiebung aus den Vereinigten Staaten in die Münchner Justizvollzugsanstalt Stadelheim gebracht worden."[42] Doch fand sich in einigen Medien auch der Kontrast zu dieser Darstellungsform – nämlich die szenische Schilderung. So war an diesem Tag im „Münchner Merkur" zu lesen:

„Abgeschirmt landet Flug N25OLB, eine Sondermaschine, um 9.20 Uhr auf dem Flughafen München. An Bord: die deutsche Vergangenheit. John Demjanjuk, 89 Jahre. Den Flug über hat er meist geschlafen, auch jetzt bewegt er sich wenig."[43]

Die Hintergrundinformationen, die in den Wochen zuvor dargeboten worden waren, verloren nun kurz ihren Rang. Sie wurden in kurzen, hinteren Paragraphen der Artikel platziert und soweit wie möglich komprimiert. Es schien, als sollte das Leserwissen über den Hintergrund nur kurz „aufgefrischt" werden[44]. Besonders prominent behandelte man in diesen Mai-Tagen die Gesundheit Demjanjuks. Die Informationen im Text ergänzten den durch die beigefügten Fotos vermittelten Eindruck eines schwerkranken alten Mannes. So sahen die Leser Fotos, wie Demjanjuk in einem Krankenwagen zum Flughafen gefahren oder wie er bei der Ankunft in München auf einer Krankentrage in ein Ambulanzfahrzeug gehoben wurde. Ergänzend hieß es dazu im Text:

„Nach einer ersten Untersuchung wird Demjanjuk am Nachmittag der 21-seitige Haftbefehl vom Ermittlungsrichter vorgelesen. Untergebracht ist der 89-Jährige vorerst in einer Krankenzelle im Erdgeschoss. Das etwa 24 Quadratmeter große Zimmer ist speziell für Rollstuhlfahrer ausgerüstet."[45]

Der eigentliche Nachrichtenwert der Artikel beschränkte sich auf die knappe Botschaft: „Er ist da!" Doch konnte der über Monate Erwartete nun mit neuem Bildmaterial gezeigt und die Neugier des Publikums befriedigt werden. Dass es sich um eine Inszenierung gehandelt haben könnte – das Vortäuschen von Krankheit und Leid, um die Öffentlichkeit für sich einzunehmen –, thematisierte keiner der Texte.

---

[42] Frankfurter Allgemeine Zeitung vom 13.5.2009: „Demjanjuk in Stadelheim eingetroffen" (Albert Schäffer).
[43] Münchner Merkur vom 13.5.2009: „Die Vergangenheit ist da" (Dirk Walter).
[44] Die Berichterstattung der Nachrichtenagenturen wäre eine eigene Darstellung wert. Laut der Pressedatenbank „Sphinx" sendeten die Agenturen alleine am 12.5.2009 circa 80 Meldungen zur Ankunft Demjanjuks in München; recherchiert am 16.4.2012 in der Rubrik „Presse Gesamt" unter dem Stichwort Demjanjuk.
[45] Süddeutsche Zeitung vom 13.5.2009: „Der lange Flug in die Vergangenheit" (Alexander Krug/Susi Wimmer).

Kontrastierend dazu fanden sich auch Artikel, in denen ein Perspektivwechsel stattfand – hin zu den Opfern. So veröffentlichte der „Spiegel" am 11. Mai 2009 ein Interview mit Thomas Blatt, einem der wenigen Überlebenden des Vernichtungslagers Sobibór, in dem dieser Fragen zu seinen Erlebnissen und zu seinen Erinnerungen an Demjanjuk beantwortete. Dabei erklärte Blatt sehr deutlich: „Nach 66 Jahren kann ich mich nicht einmal an das Gesicht meines Vaters erinnern. Aber ich bin sicher, dass Demjanjuk so wie die anderen ukrainischen Wachmänner war."[46] Zu seiner persönlichen Perspektive auf das juristische Vorgehen äußerte sich Blatt eher ausweichend und ohne konkret auf eine Bestrafung des Beschuldigten zu dringen: „Mir ist egal, ob er ins Gefängnis muss oder nicht; der Prozess ist mir wichtig. Ich will die Wahrheit. Die Welt soll erfahren, wie es in Sobibór gewesen ist. Er sollte gestehen, denn er weiß so viel." So legitim diese Ansicht sein mochte, warf sie dennoch die Frage auf, ob das Mittel des Strafprozesses geeignet war, um dieses Ziel (die „Wahrheit" über Sobibór) zu erreichen.

Im Zusammenhang mit der zu erwartenden Vorbereitung der Anklageerhebung standen weitere Berichte und Publikationen, die ebenfalls noch im Mai 2009 durch „Spiegel-Online" veröffentlicht wurden, oder die der „Spiegel" in seiner gedruckten Ausgabe erwähnte. Dabei handelte es sich etwa um ein Interview mit dem Historiker Norbert Frei, in dem dieser das Vorgehen der Justiz gegen Demjanjuk rechtfertigte[47]. Wegen seiner Ausführlichkeit und seiner Hintergrundinformationen lohnte sich jedoch vor allem ein eingehender Blick in den am 18. Mai 2009 veröffentlichten Artikel „Der dunkle Kontinent"[48], der detaillierte Informationen über die „Arbeitsteiligkeit" des Holocaust gab. Der Fall Demjanjuk diente hier abermals nur als schwache inhaltliche Klammer, die am Anfang in die Geschichte einführte und am Ende den eigentlichen Inhalt am Beispiel des Falles wieder auffing.

Der erste Satz des Beitrags lautete: „Hier, im Land der Täter, war er schon einmal"; der letzte: „Demjanjuk könnte Auskunft geben über Sobibór – und damit über die schreckliche Welt der Holocaust-Helfer." Circa 90 Prozent des Textes gingen indes weit über den konkreten Anlass hinaus. Offensichtlich glaubte die Redaktion, das Publikum brauche ein aktuelles Beispiel, um sich eingehender auf das Problem der Kommandostrukturen

---

[46] Der Spiegel vom 11.5.2009: „Ich will die Wahrheit" (Jan Friedmann/Klaus Wiegrefe); das folgende Zitat findet sich ebenda.
[47] Spiegel-Online vom 23.05.2009: „Die Deutschen sind sich selbst schuldig, gegen Demjanjuk vorzugehen"; www.spiegel.de/politik/deutschland/0,1518,626409,00.html.
[48] Der Spiegel vom 18.5.2009: „Der dunkle Kontinent" (Georg Bönisch u.a.).

im Holocaust und auf die Situation der Hilfswilligen der SS einzulassen. Optisch wirksam aufbereitet wurde der Artikel durch Fotos von Pogromen und Polizisten in verschiedenen Uniformen. Zudem enthielt er Graphiken und eine Vergrößerung von Demjanjuks Dienstausweis. Im Text ließ das Magazin zahlreiche Historiker und Zeitzeugen zu Wort kommen. Die Sprache war Spiegel-typisch maneriert und zupackend („juristisches Tauziehen", „Historiker Heinen", „Killing Fields in Osteuropa"), der Inhalt problematisierte dagegen in außergewöhnlichem Umfang und bemerkenswerter Tiefe das gesamte Spektrum der Mittäterschaft von Nichtdeutschen am Holocaust. Als Bindeglied führte der Artikel den Antisemitismus in Osteuropa und seine vielfältigen Erscheinungsformen an.

Zu den herausragenden Beiträgen in dieser Phase der Berichterstattung gehörte weiterhin ein Kommentar zur grundsätzlichen Bedeutung des Falles, den die Wochenzeitung „Die Zeit" druckte. Josef Joffe verteidigte darin grundsätzlich die Bemühungen der Justiz, eine Anklage und einen Prozess anzustrengen:

„Die Sache geht über Juden und Nazis, über Täter und Opfer von damals hinaus. Die Wahrheit dient auch als Warnung für alle, die heute und morgen den Massenmord planen oder gar ausführen. Kandidaten gibt es rund um die Welt genug."[49]

Ähnlich stark einordnend wie dieser Versuch einer Sinngebung war ein ausführliches Interview, das der Berliner „Tagesspiegel" mit dem Rechtshistoriker Michael Stolleis führte. Die Themen waren – wiederum vom aktuellen Fall ausgehend – der Umgang der deutschen Justiz mit Unrecht im Namen des Nationalsozialismus und die Frage, ob das anstehende Verfahren – soweit rechtsstaatlich vertretbar – voranzutreiben sei. Stolleis sagte unter anderem:

„Dieser Prozess sollte wegen seiner symbolischen Bedeutung geführt werden. Tausende von Toten säumen den Weg dieses Mannes. Solche Prozesse dienen dazu, dass man einmal, und sei es noch so spät sagt: So etwas bleibt nicht ungesühnt. Es handelt sich also um die symbolische Bestätigung von Grundnormen unserer Gesellschaft."[50]

---

[49] Die Zeit vom 14.5.2009: „Schuld die nie verjährt" (Josef Joffe).
[50] Der Tagesspiegel vom 24.5.2009: „Die Opfer brauchen Zeit" (Claudia von Salzen/ Jost Müller-Neuhof).

III. Intermezzo – von Personen, Formalien und Orten

1. Allein gegen alle – der Wahlverteidiger und seine Strategie

Aus der Sicht der Öffentlichkeit haben Strafverfahren heiße und kalte Phasen. Daher gibt es Wochen, in denen die Medien sehr intensiv berichten – und andere, in denen keinerlei mediale Aufmerksamkeit mehr festzustellen ist. Dass der Fall Demjanjuk in dieser Hinsicht keine Ausnahme war, zeigte sich bereits kurz nach der Ankunft des Beschuldigten in Deutschland. Denn kaum war Demjanjuk in München gelandet, versiegte der Strom der Berichte bereits wieder. Eine elektronische Artikelsuche mithilfe der Pressedatenbank „Sphinx" förderte für den Zeitraum zwischen Anfang Juni und Mitte November 2009 weniger als 20 Zeitungsartikel zutage. Offenbar glaubten die Redaktionen, das Publikum sei nicht sehr neugierig auf die Formalitäten der Justiz vor der Eröffnung eines Hauptverfahrens. Dabei ging es im Sommer 2009 immerhin um die Anklageerhebung und um die Ablehnung einer Beschwerde beim Bundesverfassungsgericht, die die Verteidigung Demjanjuks wegen der Abschiebung aus den USA eingereicht hatte[1].

In diesem Zusammenhang verdient Ulrich Busch als wichtigster Rechtsbeistand von Demjanjuk eine genauere Betrachtung. Denn je länger das Verfahren in München dauerte, desto markanter wurde die Rolle, die der Anwalt spielte. Die Medien widmeten ihm deshalb eine Reihe von Porträts und Persönlichkeitsskizzen: Robert Probst bezeichnete ihn in der „Süddeutschen Zeitung" kurz vor Ende der Beweisaufnahme als „Kämpfer" oder als „Meister der Konfliktverteidigung. Je nach Sichtweise."[2] Heinrich Wefing variierte dieses Urteil nur leicht, indem er ihn als „Einzelkämpfer" schilderte und einen selbstironischen Satz von Busch zitierte: „Ich glaube, ich bin nicht teamfähig."[3] Angelika Benz attestierte ihm eine Art Doppelgesichtigkeit: „Vor Gericht gibt er sich angriffslustig und provokant, in den Verhandlungspausen ist er dagegen sehr freundlich."[4] Lawrence Douglas

---

[1] Vgl. Frankfurter Allgemeine Zeitung vom 9.7.2009: „Karlsruhe weist Demjanjuk ab" (Albert Schäffer).
[2] Süddeutsche Zeitung vom 28.2.2011: „Ulrich Busch – Sehr eigenwilliger Verteidiger von John Demjanjuk" (Robert Probst).
[3] Wefing, Fall Demjanjuk, S. 173.
[4] Benz, Henkersknecht, S. 49.

Allein gegen alle – der Wahlverteidiger und seine Strategie   47

erkannte bei Busch ein „cholerisches Temperament"[5]; Nicolas Bourcier hielt fest: Busch „boxt mit Worten, in Stil wie Methode wenig orthodox"[6]. Nüchtern betrachtet durfte man Ulrich Busch als normalen Anwalt für Strafrecht bezeichnen, von denen es in Deutschland tausende gibt. Er reiste von seinem Wohnort Ratingen am Niederrhein zu den Sitzungen nach München; zum Zeitpunkt der Urteilsverkündung war Busch 64 Jahre alt. Während der anderthalb Jahre der Hauptverhandlung gab er Reportern in Gesprächen manchmal Auskunft über seine Meriten als Anwalt. So wussten wir bald, dass er vor vielen Jahren den Ehemann der RAF-Terroristin Gabriele Kröcher-Tiedemann verteidigt und im Jahr 2006 vor dem Europäischen Gerichtshof für Menschenrechte ein Urteil gegen die Bundesrepublik erstritten hatte, das es der Polizei verbot, bei Drogendealern Brechmittel einzusetzen, um eventuell im Verdauungstrakt verstecktes Rauschgift aufzuspüren.

Doch zweifellos war die Verteidigung von John Demjanjuk für Ulrich Busch der größte und wichtigste Auftrag seiner juristischen Karriere. Er lautet, einfach formuliert, aus der Sicht der Familie: „Bring him home!"[7] Man kann vermuten, dass Demjanjuk für Busch nicht nur ein Mandant war, sondern auch eine Herzensangelegenheit. Das lag auch an der Geschichte, wie er zu seinem Mandat gekommen war: nämlich über familiäre Verbindungen seiner Frau Vera, Tochter einer in die USA emigrierten ukrainischen Familie. Ein befreundetes Ehepaar aus Detroit hatte den Kontakt zu den Angehörigen von Demjanjuk hergestellt. Frau Kostiuk-Busch, von deren Vater es später hieß, er habe Beziehungen zu dem ukrainischen Nationalisten und Hitler-Verbündeten Stepan Bandera unterhalten[8], saß an fast allen Prozess-Tagen im Zuschauerbereich des Gerichtssaals. Auch hier ließ die Beobachtung darauf schließen: Es ging ihr nicht nur darum, durch Anwesenheit ihrem Mann moralischen Beistand zu leisten, sondern sie wollte von der Zuschauerbank aus – wie auf dem Flur vor dem Verhandlungssaal – Einfluss nehmen. Indizien hierfür waren gelegentliche Ermahnungen an Journalisten, besser zuzuhören[9], sowie Zwischenrufe

---

[5] Lawrence Douglas, Ivan the Recumbent, or Demjanjuk in Munich. Enduring the „last great Nazi war-crimes trial", in: Harper's Magazine vom März 2012, S. 45–52, hier S. 50.
[6] Nicolas Bourcier, Le dernier procès, Paris 2011, S. 271.
[7] Benz, Henkersknecht, S. 230.
[8] Bourcier, Dernier procès, S. 276, hier die Fußnote: „Stepan Bandera, grande figure du nationalisme ukrainien des années quarante, allié des ‚libérateurs' allemands dans les premiers mois de l'invasion nazie."
[9] Vgl. Wefing, Fall Demjanjuk, S. 177.

während der Verhandlung. Als Reporter konnte man diese selbstgewählte Rolle nutzen, indem man in den Verhandlungspausen das Gespräch mit ihr suchte, um etwas über den Gesundheitszustand des Angeklagten und dessen Leben in der U-Haft zu erfahren oder um Auskünfte von ihrem Mann zu erhalten. „Ich werde es Uli sagen", erklärte sie dann häufig – und „Uli" gab dann zumeist bald ein kleines Interview oder sandte eine E-Mail mit nützlichen Informationen.

Der „Le Monde"-Journalist Nicolas Bourcier nannte Frau Kostiuk-Busch das „Bindeglied zwischen dem Verteidiger und der ukrainischen Gemeinde im Norden der Vereinigten Staaten"[10]. Doch erfasste dieser Satz die Tatsachen nur zum Teil. Die stete Kommunikation des Ehepaares vor, während und nach den Sitzungen ließ mitunter an ein „Team Busch" denken. Manchmal sah es so aus, als steuere die Gattin ihren Mann. Im Endeffekt verteidigte Busch (ihretwegen?) neben der Person Demjanjuks auch die Sache des ukrainischen Nationalismus. Das erschloss sich nur zum Teil aus den Wortmeldungen und Anträgen während der Verhandlung oder den Gesprächen und Plaudereien mit ihm, sondern bedurfte weiterer Recherchen. So gelang es Bourcier in seinem Buch, die engen Verbindungen des Demjanjuk-Anwalts mit der rechtsextremen nationalistischen „Swoboda"-Bewegung in der heutigen Ukraine herauszuarbeiten. Unter anderem berichtete Bourcier von einer diskreten Begegnung, die sich in Mainz im Sommer 2011, also nach dem Ende der Hauptverfahrens zugetragen haben soll: Busch habe dort den Vorsitzenden der „Swoboda"-Partei, Oleg Tyahnybok, zu einem Gespräch getroffen. Während der Begegnung sei es auch zu einem Telefonat des rechtsextremen Politikers mit Demjanjuk gekommen.

Wie der Pflichtverteidiger Günther Maull, den das Gericht Demjanjuk im Vorfeld der Abschiebung in die Bundesrepublik zugeteilt hatte, so erhielt auch Busch als „Wahlpflichtverteidiger" sein Honorar vom Gericht; seine Auslagen wurden ihm auf Antrag ersetzt. Im Gegensatz zu dem etwa zehn Jahre älteren Maull verfügte Busch jedoch über das Vertrauen seines Mandanten und hatte daher Gelegenheit, sich Akten und Unterlagen zu besorgen, die bereits in den amerikanischen und israelischen Verfahren wichtig gewesen waren. Diese „Kanäle" seiner Informationsbeschaffung legte Busch mit Stolz offen. So erklärte er zum Beispiel in einem Interview wörtlich:

„In Amerika besteht ein Team von insgesamt vier Personen. Das ist [sic!] der Schwiegersohn, der Sohn und beide Verteidiger von Herrn Demjanjuk in Amerika.

---

[10] Bourcier, Dernier procès, S. 276; zum Folgenden vgl. ebenda, S. 272.

Allein gegen alle – der Wahlverteidiger und seine Strategie   49

Sie wissen natürlich viel durch die Verfahren in Amerika. [...] Sie sind voll im Stoff. Und das ist ja auch Grundlage vieler Anträge, die ich mache."[11]

Das gab Anlass zu der Vermutung, dass der Verteidiger Busch auch sämtliche Schwächen der Beweisstücke kannte. Denn diese stammten größtenteils aus den vorangegangenen Prozessen in Israel und den USA; die Familie und ihre Rechtvertreter waren also mit ihnen vertraut. Ebenso dürften Busch die Aussagen, Lebensläufe und Persönlichkeiten einiger Zeugen und Sachverständigen, die in München vor Gericht auftraten, nicht erst aus den Akten des deutschen Verfahrens geläufig gewesen sein. Das galt besonders für die in den US-Prozessen nicht unumstrittenen Urkundensachverständigen Larry Stewart und den ehemaligen Rechtsberater des OSI, Norman Moscowitz.

Buschs Befragung beider Zeugen ließ intensive Vorbereitungen auf die Vernehmungen vermuten, denn seine Fragen zielten punktgenau auf die Schwächen und Fehler, die bereits von amerikanischen Instanzen festgestellt worden waren. Bei Diskussionen um den Inhalt schriftlicher Urkunden kreisten seine Fragen und Zweifel ebenfalls um jene Probleme und Unklarheiten, die in vorangegangenen Verfahren zutage getreten waren oder aus Sicht der Verteidigung deren Beweiskraft schwächten. Das alles deutete auf detaillierte Einweisungen aus dem Umkreis der Demjanjuk-Familie hin.

Die Anmerkungen zu Busch wären unvollständig, bliebe sein Stil unerwähnt. Einerseits ließ er im persönlichen Umgang in den Sitzungspausen sowohl einen gewissen Charme und Kultiviertheit erkennen. Doch das verbindliche Benehmen änderte sich im Gerichtssaal wie außerhalb rasch und häufig. Robert Probst addiert gegen Ende der Beweisaufnahme mehr als 20 Befangenheitsanträge gegen die Richter des Landgerichts München II[12]. Heinrich Wefing berichtete in seinem Buch, er habe sich bereits am ersten Verhandlungstag eine Notiz gemacht: „Busch für Demjanjuk ein Problem?"[13] Andere Beobachter wie Tom Segev teilten in Gesprächen mit, die Verteidigungsstrategie von Busch erinnere an die des israelischen Anwalts Yoram Sheftel:

„Seine zentrale Behauptung ist, dass man einem unschuldigen Mann aus politischen Gründen fürchterliches Unrecht antut. Wenn diese Haltung irgend etwas Gutes bringt, dann nur für den Verteidiger, nicht für den Angeklagten."[14]

[11] Zit. nach Rainer Volk/Tim Aßmann, Ein alter Mann und seine Schuld. Der Prozess gegen John Demjanjuk. Radio-Feature, ausgestrahlt vom Bayerischen Rundfunk (Bayern 2) am 12.6.2010; das Zitat steht im Skript auf S. 15.
[12] Vgl. Süddeutsche Zeitung vom 28.2.2011: „Ulrich Busch – Sehr eigenwilliger Verteidiger von John Demjanjuk".
[13] Wefing, Fall Demjanjuk, S. 181.
[14] Janson, Hitlers Hiwis, S. 109.

Selbst juristischen Laien fiel in München auf, dass Busch in seinen schriftlichen Anträgen und mündlichen Erklärungen nach Paragraph 257 der Strafprozessordnung nicht sehr sattelfest argumentierte. Noch frappierender aber waren die ständig wiederholten, dramatisierenden Floskeln vom „Justizskandal", einem „Schauprozess" oder von der „historischen Wahrheit"[15], um die es gehe. Selten beschränkte er sich bei der Begründung eines Antrags auf wenige Minuten Redezeit. Typisch war vielmehr ein sich häufig auch in der Lautstärke steigerndes labyrinthisches Lamento, an dessen Ende das Thema seiner Ausführungen unklar blieb und er die Beherrschung verloren hatte. Hier zeigten sich die Nachteile des Daseins als „Einzelkämpfer". Busch verfasste viele Anträge handschriftlich in seinem Münchner Hotel und arbeitete als einer der wenigen Prozessbeteiligten nicht mit einem Laptop und elektronisch gespeicherten Prozessakten. Die Folge waren Dopplungen bei Anträgen und Unordnung in den Papieren. Bereits an den ersten Prozesstagen, so schrieb Angelika Benz, habe er den Eindruck erweckt, seine Strategie sei auf Verzögerung angelegt[16]. Lawrence Douglas, der hauptberuflich als Jura-Professor an einem US-College wirkt, nannte das Vorgehen knapp „stall and die"[17] – bremsen und sterben.

Die arbeitstechnischen Defizite von Busch waren für die Beobachter umso auffälliger, als die Anwälte der Nebenkläger – etwa 30, meist niederländische Nachkommen von in Sobibór Ermordeten beziehungsweise Überlebenden – exzellent vorbereitet zu den Sitzungen erschienen und sich mithilfe von Daten-Disks und USB-Sticks binnen kürzester Zeit über den Inhalt einer Akte oder einer Urkunde informieren konnten. Auch das Gericht hinterließ in dieser Hinsicht einen zunehmend souveränen Eindruck. Dabei war ein Prozess wie der gegen John Demjanjuk für die 1. Strafkammer des Landgerichts München II in Umfang und Art zumindest außergewöhnlich. Der Vorsitzende Richter Ralph Alt, Jahrgang 1947, hatte bei Prozessbeginn unter den Münchner Gerichtsreportern vor allem als Richter in Wirtschaftsdelikten einen guten Ruf. Diese Verfahren haben jedoch selten eine ähnliche Außenwirkung wie spektakuläre Strafprozesse von der Art des Falles Demjanjuk. Möglicherweise unterschätzte Alt deshalb tatsächlich am ersten Prozesstag den Andrang der internationalen Presse und die logistischen Vorbereitungen, die im Vorfeld nötig gewesen wären.

---

[15] Süddeutsche Zeitung vom 28.2.2011: „Ulrich Busch – Sehr eigenwilliger Verteidiger von John Demjanjuk".
[16] Vgl. Benz, Henkersknecht, S. 27.
[17] Douglas, Ivan the Recumbent, S. 52.

Alt galt bei Prozesseröffnung auch nicht als extrovertierter Vorsitzender. Angelika Benz bilanzierte ihren Eindruck so: „Ralph Alt wirkt gelassen."[18] Er sei „kein Mann der vielen Worte. Seine Verhandlungsführung ist ruhig und bedächtig", schrieb die „Süddeutsche Zeitung" in einem Kurzporträt Anfang Dezember 2009[19]. In diesem Artikel wies Alexander Krug darauf hin, Alt sei ein guter Hobby-Schachspieler und betreue im Schachverband die Schiedsrichter-Ausbildung. Die an sich triviale Feststellung ließ einige Beobachter jedoch schlussfolgern, er führe auch diesen Prozess wie eine Defensiv-Partie, warte ab und bereite seine Züge gründlich vor, ehe er tätig werde. Bedeutsam war sicherlich, dass der Vorsitzende Richter zuvor in seiner juristischen Laufbahn noch nie mit einem NSG-Verfahren Berührung hatte[20].

Wenig zu erfahren war dagegen auf offiziellem Weg über die beiden Beisitzer, die Richter Thomas Lenz und Helga Pfluger, obwohl Ersterem als so genanntem „Berichterstatter" eine wichtige Funktion zufiel: Er bereitete die schriftliche Form der Gerichtsbeschlüsse bis hin zur Abfassung der Urteilsbegründung vor. Lenz entwickelte sich für die Beobachter auch deshalb zu einer interessanten Person, weil er sich häufiger von Busch in lautstarke Dispute hineindrängen ließ, die der Vorsitzende Richter wiederholt schlichten musste. Bei den Vorträgen von Busch neigte Lenz dazu, sich mit kritischem Gesichtsausdruck weit in seinen Sessel zurück zu lehnen. Die Beisitzerin Pfluger hingegen trat nur selten in Erscheinung.

2. Formalien interessieren niemanden – die Medienruhe vor dem großen Sturm

Mit der Anklageerhebung im Juli 2009 wurde das Demjanjuk-Verfahren „gerichtsanhängig". Das hieß, es war in einem Zwischenverfahren zu prüfen, ob es zu einer Hauptverhandlung kommen würde[21]. Die Anklageschrift stammte vom 10. Juli 2009 und trug das Geschäftszeichen 115 Js 12496/08. Der darin erhobene Vorwurf lautete auf Beihilfe zum Mord in mindestens 27 900 Fällen, begangen in der Zeit vom 30. März bis zum 20. Juli 1943. Neben der auffällig hohen Zahl an Opfern, die das Dokument nannte, war vor allem festzuhalten, dass die Staatsanwaltschaft dem Beschuldigten auch

---

[18] Benz, Henkersknecht, S. 48.
[19] Süddeutsche Zeitung vom 3.12.2009: „Ralph Alt – Vorsitzender Richter im Demjanjuk-Prozess".
[20] Vgl. Douglas, Ivan the Recumbent, S. 48.
[21] Vgl. dazu die Erläuterungen bei Detjen, Redaktionshandbuch Justiz, S. 21 f.

einen gewalttätigen Antisemitismus als Tatmotiv unterstellte[22]. Die hohe Zahl der Mordopfer hätte wohl bereits genügt, um die erhöhte öffentliche Aufmerksamkeit im Vergleich zu vorherigen NSG-Verfahren zu erklären. Es ging mithin nicht um „Exzesstaten", sondern um den eigentlichen Kern des nationalsozialistischen Völkermords an Europas Juden: die massenhafte Tötung von Menschen in fabrikartigen Vernichtungslagern.

Angesichts der Schwere der Vorwürfe kann es nur erstaunen, wie spärlich die Medien über die Anklageerhebung berichteten. Offenbar betrachteten die Redaktionen diesen Justizakt als bloße Formalie. So fand ich nur einen einzigen, sehr kurzen Artikel in der „Frankfurter Allgemeinen Zeitung", der auf die Anklageerhebung einging und die Quintessenz des Dokuments kurz zusammenfasste. Er enthielt zudem Hinweise auf die Bedeutung des Dienstausweises für die Schuldfrage und auf einen möglichen Beginn der Hauptverhandlung[23].

Dass die Medien ansonsten in diesem Augenblick schwiegen, hatte möglicherweise eine sehr einfache, technische Erklärung: dass viele – wie bei der Ankunft Demjanjuks – zum Hilfsmittel einer Agenturmeldung griffen und diese abdruckten. Ein entsprechendes Vorgehen wäre vor allem für Regionalzeitungen geradezu typisch, da es medienökonomisch die preiswerteste Art ist, Nachrichten aus aller Welt ins Blatt zu heben. Die Redaktionen mussten in diesem Fall keinen eigenen Reporter beschäftigen; sie sparten also Personal und damit Geld, ohne publizistisch große Zugeständnisse machen zu müssen. Wie oft dies in diesem konkreten Fall geschah, ließ sich mithilfe der Pressedatenbank „Sphinx" indes nicht nachprüfen, denn eine Einzeluntersuchung großer Regionalzeitungen unter diesem Aspekt musste aus zeitlichen und logistischen Gründen unterbleiben.

In der eher ruhigen Phase vor dem Prozessauftakt im Sommer und Herbst 2009 publizierten einige Medien Berichte ihrer Mitarbeiter über Demjanjuks ursprüngliche Heimat – die Ukraine. So schilderte der Polen-Korrespondent der „Frankfurter Allgemeinen Zeitung" eine Recherche, die ihn zu ehemaligen Angehörige jener SS-Division „Galizien" führte, der auch Demjanjuk in den letzten Monaten des Zweiten Weltkriegs angeblich angehört hatte[24]. In eine ähnliche Richtung ging auch der Bericht des Warschauer Korrespondenten der „Welt am Sonntag", der sich in Treblinka (!)

---

[22] Anklageschrift (Kurzfassung) vom 10.7.2009, S.6 und S.9.
[23] Vgl. Frankfurter Allgemeine Zeitung vom 14.7.2009: „Demjanjuk in München angeklagt" (Albert Schäffer).
[24] Vgl. Frankfurter Allgemeine Zeitung vom 1.8.2009: „Die Vorgeschichte" (Konrad Schuller).

und in Warschau auf die Spur des vermeintlichen „Iwan des Schrecklichen" begab[25]. Tatsächlich streiften beide Artikel den Fall jedoch nur: Über den Menschen John (Iwan) Demjanjuk war in beiden Beiträgen praktisch nichts zu erfahren. Etwas zum konkreten Sachverhalt beizusteuern gelang beiden Autoren ebenso wenig. Bestenfalls machten sie in allgemeiner Form durch die Gespräche mit Personen aus Demjanjuks Alterskohorte ein wenig den Geist der Zeit lebendig, in der dieser zu den Trawniki stieß. Nüchtern betrachtet bleibt jedoch festzuhalten: Die Überschriften versprachen mehr, als die Artikel zu halten vermochten.

3. Sobibór – ein unbekanntes Vernichtungslager

Angesichts solcher Exkursionen kann es nur verwundern, dass in den Monaten der Ruhe im Sommer und Herbst 2009 das Vernichtungslager Sobibór nicht im Fokus stand. Immerhin handelte es sich um den in der Anklage bezeichneten Tatort. Doch fand sich bis in die Tage vor dem Beginn der Hauptverhandlung kein einziger Korrespondentenbericht, der diesen Schauplatz eines Völkermords beschrieben oder gar eine Art „Spurensuche" unternommen hätte. Bemerkenswert war stattdessen die Schablonenhaftigkeit, in der die journalistische Behandlung stecken blieb. Die Medien behandelten Sobibór und das dortige Mordgeschehen fast nur mit ein oder zwei Sätzen. Dabei gaben die ersten Berichte aus dem Herbst 2008 sozusagen die Richtung vor. Wenn etwa die „Frankfurter Allgemeine Zeitung" bereits im November 2008 schrieb „dass Demjanjuk zwischen März und September 1943 in Sobibor als Wachmann [...] eingesetzt war", das ein „reines Vernichtungslager" gewesen sei[26], und die „Süddeutsche" am gleichen Tag festhielt: „In Sobibór kamen mehr als 250 000 Menschen um"[27], so blieb es in der Folgezeit bei diesen Grundinformationen, die in formelhafter Weise wiederholt wurden. Mehr Informationen – zum Beispiel was ein Vernichtungslager von einem KZ unterschied – oder tiefergehende Beiträge über den geographischen Ort und seine Geschichte waren selten.

Fast wie bei einem Puzzle musste sich der Leser weitere Fakten und Daten zusammensuchen. Die geographische Lage zwischen den Städten Włodawa und Chełm und die Topographie („zwischen ausgedehnten Wäldern und

---

[25] Vgl. Welt am Sonntag vom 23.08.2009: „Die Braut von ‚Iwan dem Schrecklichen'" (Gerhard Gnauck).
[26] Frankfurter Allgemeine Zeitung vom 11.11.2008: „Demjanjuks Dienstausweis".
[27] Süddeutsche Zeitung vom 11.11.2008: „KZ-Wächter Demjanjuk soll in München vor Gericht" (Robert Probst).

sumpfigen Wiesen") wurden in der Einleitung eines „Spiegel"-Artikels erwähnt[28]. Die Ausmaße des Lagerkomplexes und eine Kurzbeschreibung fanden sich in einem Bericht des „Münchner Merkur":

> „Sobibor war nur 600 mal 400 Meter groß. Per Zug kamen die Opfer an der Rampe an. Die SS schickte sie zuerst zum Entkleiden, dann weiter durch eine zynisch ‚Himmelfahrtsstraße' genannte enge Gasse direkt in die Gaskammern."[29]

Bei anderen Gelegenheiten fanden sich vereinzelte vertiefende Beschreibungen von einigen Halbsätzen Länge: „Das Lager Sobibor […] kann zum Beispiel mit Dachau nicht verglichen werden. Wer als Jude nach Sobibor kam, war binnen weniger Stunden tot."[30]

Da das Faktum allen Klischees widerspricht, sei ausdrücklich erwähnt, dass ein Artikel der „Bild"-Zeitung zu den konkretesten Beiträgen über Sobibór gehörte. Zwar sparte das Blatt, wie üblich, nicht mit martialischen Sprachbildern – „Sobibór war die Hölle auf Erden" –, doch hieß es dort auch anschaulich:

> „Gleich nach der Ankunft in Zügen wurden die Gefangenen nackt in sechs 4 mal 4 Meter große Gaskammern getrieben. Abgase aus einem 200-PS-Benzinmotor wurden eingeleitet, die panischen Opfer erstickten in 30 Minuten qualvoll."[31]

Insgesamt konnte die Berichterstattung kaum den Besonderheiten von Sobibór gerecht werden: Sie blieb oberflächlich, bruchstückhaft und wenig plastisch. Der Grund dafür könnte gewesen sein, dass es in Sobibór im Gegensatz zu Auschwitz, Majdanek und anderen Konzentrations- und Vernichtungslagern in Osteuropa keine bedeutende Gedenkstätte gibt, die eine spezifische Erinnerungsarbeit betreibt und das Andenken an den Holocaust und seine Opfer bewahrt. Zugespitzt formuliert könnte man Sobibór als unbekanntes Vernichtungslager bezeichnen, obwohl es wegen seines Entstehungszusammenhangs bei der berüchtigten „Aktion Reinhardt" historisch den gleichen Rang hat wie die benachbarten Lager Belzec und Treblinka.

Der „Spiegel" bemerkte im Frühjahr 2009 treffend: „Wäre es nach den Nazis gegangen, hätte die Menschheit nie erfahren, was nahe dem kleinen Dorf [gemeint ist Sobibór] geschah."[32] Das größte Problem war der Umstand, dass der Lagerbereich nach einem Aufstand der Häftlinge vom

---

[28] Der Spiegel vom 16. 3. 2009: „Mord nach Vorschrift".
[29] Münchner Merkur vom 7. 4. 2009: „Juristisches Tauziehen um Demjanjuk" (Dirk Walter).
[30] Münchner Merkur vom 13. 5. 2009: „Die Vergangenheit ist da".
[31] Bild-Zeitung vom 1. 8. 2009: „Die Anklage des Grauens".
[32] Der Spiegel vom 16. 3. 2009: „Mord nach Vorschrift".

14. Oktober 1943 weitgehend dem Erdboden gleichgemacht wurde. Die Akten zu Sobibór fielen größtenteils der Beweisvernichtung durch die Täter in der Spätphase des Zweiten Weltkriegs anheim[33]. Auch das erklärte die Unkenntnis der Presse und der Bevölkerung zu Sobibór. Ein weiteres Erschwernis bestand darin, dass nur wenige Juden den erwähnten Aufstand überlebt hatten. In der Historiographie ist stets von nur 47 Überlebenden die Rede[34]. Das bedeutet angesichts des inzwischen erreichten großen Zeitabstands: Die Zahl möglicher Augenzeugen des industriellen Massenmords war klein.

All diese Fakten und Umstände führen dazu, dass auch die wissenschaftliche Literatur zu Sobibór sehr spärlich ausfällt. Das grundlegende Werk, das auch dem Landgericht München II als Quelle für Informationen zur Verfügung stand, war die Arbeit eines historischen Laien – des niederländischen Sobibór-Überlebenden Jules Schelvis. Dieser hatte seine Erlebnisse zwar bereits unmittelbar nach 1945 detailliert niedergeschrieben, jedoch erst Jahrzehnte später, nach seiner Pensionierung, zu einem Buch verarbeitet. In deutscher Sprache erschien das Werk 2003, in einem kleinen, kaum bekannten Verlag[35]. Das zweite Beispiel von „Überlebenden-Literatur" sind die Memoiren von Thomas Blatt, die unter dem Titel „Nur die Schatten bleiben. Der Aufstand im Vernichtungslager Sobibór" erschienen[36]. Blatt tauchte bei der Abschiebung Demjanjuks nach Deutschland erstmals in der Berichterstattung auf – in einem knapp zweieinhalbseitigen Interview im „Spiegel"[37].

Den Mangel an Quellen aller Art zu Sobibór zeigte auch die Bebilderung der Artikel, die die Printmedien veröffentlichten. Selbst das üblicherweise exzellente Bild-Archiv des „Spiegel" hatte offenbar Mühe, aussagekräftiges Illustrations-Material zu diesem Lager zu beschaffen. Lediglich in einem Artikel vom 11. Mai 2009 fand sich ein Foto des Mahnmals, das auf dem Gelände des ehemaligen Lagers errichtet worden ist – also ein relativ aktuelle Aufnahme. Die „Zeit", die ihr Demjanjuk-Dossier im Juli 2009 mit mehr als einem Dutzend Fotos bebilderte, zeigte nur ein kleines Foto von Sobibór,

---

[33] Vgl. Benz, Henkersknecht, S. 115 und S. 124.
[34] Vgl. Der Spiegel vom 16. 3. 2009: „Mord nach Vorschrift".
[35] Vgl. Jules Schelvis, Vernichtungslager Sobibór, Hamburg/Münster 2003; dazu auch Süddeutsche Zeitung vom 28./29. 11. 2009: „Eine Reise durch die Finsternis" (Robert Probst).
[36] Thomas Blatt, Nur die Schatten bleiben. Der Aufstand im Vernichtungslager Sobibór, Berlin 2000.
[37] Vgl. Der Spiegel vom 11. 5. 2009: „Ich will die Wahrheit"; zum Folgenden vgl. ebenda.

das – zudem – am äußersten rechten oberen Rand der Seite platziert war[38]. Eine Ausweichmöglichkeit, die es immerhin möglich machte, den Ortsnamen Sobibór in der Bildunterschrift zu erwähnen, bot der bereits erwähnte Hagener Prozess gegen Streibel und andere. Fotos der Angeklagten benutzte unter anderem einmal der „Spiegel"[39]. Insgesamt jedoch lässt sich auch aus dieser Perspektive anmerken: Der Tatort Sobibór blieb in der Berichterstattung vor der Hauptverhandlung seltsam blass und peripher.

Das änderte sich erst am Tag der Eröffnung der mündlichen Verhandlung mit einer ganzseitigen Reportage der „Süddeutschen Zeitung". Der Autor, Birk Meinhardt, schilderte darin einleitend seine Schwierigkeiten, den geographischen Ort und Spuren des Holocaustgeschehens zu finden. Blickfang für den Artikel war ein Foto, das circa ein Viertel der Seite füllte und das Ende der Bahnstrecke in Sobibór an einem offenbar nebligen Tag zeigte. Meinhardt beschrieb den Versuch, mit polnischen Zeitzeugen des Holocaust ins Gespräch zu kommen, sowie seinen Besuch beim Direktor eines kleinen Museums in der Nachbarstadt Włodawa. Zu den Kernaussagen der Reportage gehörten Zitate des Direktors, der der Bundesrepublik vorwarf, sie unternehme zu wenig, um die Spuren des Lagers zu erhalten. So hieß es wörtlich:

„Das Lager ist von ihnen errichtet worden, es ist ihr Kulturerbe, und sie tun nichts, nichts. Ich rede nicht von privaten Organisationen, ich rede vom Staat. Wie viel hat das Holocaust-Mahnmal in Berlin gekostet? 40 Millionen. Die letzte, bombastische Entschuldigung. Und mit diesem Paukenschlag soll Schluss sein."

Meinhardt griff die Polemik seines polnischen Gesprächspartners am Schluss seiner Reportage auf:

„Saß man bei [Museumsdirektor] Bem, sieht man klarer als vorher, worum es sich bei dem Prozess handelt. Dito um einen Paukenschlag. Es wird wohl der letzte Nazi-Kriegsverbrecherprozess der Menschheitsgeschichte, und es wird ein Exempel, das die Deutschen statuieren, um nach den vielen Prozessen, die sie nicht führten [...], zu einem erleichternden Ende zu kommen."[40]

Die Mischung aus Selbsterlebtem, Textteilen über historisches Geschehen und generellen Anmerkungen über die deutsche Vergangenheitsbewältigung schufen Brisanz und Schärfe. Die Reportage enthielt ohne Zweifel eine Spitze gegen das Münchner Prozess-Geschehen, das am gleichen Tag begann. Doch ist denkbar, dass die kommentierenden Bemerkungen Meinhardts auch

---

[38] Vgl. Bota/Kohlenberg/Wefing, Ivan, der Aufpasser, S. 14.
[39] Vgl. Der Spiegel vom 22. 6. 2009: „Ein ganz gewöhnlicher Handlanger".
[40] Süddeutsche Zeitung vom 30. 11. 2009: „Endstation".

in entgegengesetzter Richtung wirkten, nämlich Demjanjuk als verspätetes Opfer einer säumigen deutschen Vergangenheitsbewältigung anzusehen.

Aus dem Rahmen der üblichen Berichterstattung fiel in den Wochen vor der Eröffnung des Hauptverfahrens auch ein Artikel des Israel-Korrespondenten der „Süddeutschen Zeitung", der das Schicksal einer Hinterbliebenen von Sobibór-Opfern vorstellte. Die Protagonistin der Reportage, Jehudit Heymans, war als Neugeborenes kurz vor der Deportation ihrer Eltern 1942 nach Sobibór Pflegeeltern übergeben worden. Für den Prozess-Zusammenhang waren die folgenden Sätze des Artikels entscheidend:

„Sie sagt: ,Ich will Demjanjuk sehen.' Sie möchte den Prozess verfolgen, der im Spätherbst in München beginnen soll. Sie weiß nicht, wie sie den Flug und die Unterkunft in München bezahlen soll: ,Aber ich weiß, dass ich da sein werde.'"[41]

Wenige Wochen später berichtete die „Süddeutsche", diese hochemotionalen, persönlichen Äußerungen hätten zu zahlreichen Angeboten von Lesern geführt, die der Dame den Flug von Israel nach Deutschland bezahlen, ihr Geld spenden, ein Zimmer zur Verfügung stellen oder in anderer Form helfen wollten. Auch habe es einen Brief der Nachfahrin eines in Sobibór aktiven Täters an die Protagonistin gegeben[42]. Da es Medien im Allgemeinen schwerer fällt als früher, ihr Publikum zu Reaktionen auf die Berichterstattung zu bewegen, etwa zu Leserbriefen, lässt sich aus diesem Echo folgern, dass eine personalisierte Berichterstattung zum rasseideologischen Verfolgungsgeschehen im Zweiten Weltkrieg die Kontinuität der Wirkung dieser Verbrechen klarer macht als generalisierende Artikel. Die Konfrontation mit dem Schicksal einer lebenden Person riss die Leserschaft aus der normalen Rezeption. Dass es weitere Gründe gab für die geschilderten Reaktionen – beispielsweise latent vorhandene Schuldgefühle angesichts der Dimension des Völkermords –, ist nicht auszuschließen.

4. Vor den Richtern die Experten – die Fachwelt meldet sich zu Wort

In der letzten Phase vor der Hauptverhandlung in München, praktisch zeitgleich mit der Zurückweisung einer zweiten Verfassungsbeschwerde des Verteidigers Busch durch das Bundesverfassungsgericht[43], erschienen in

---

[41] Süddeutsche Zeitung vom 17.9.2009: „Eine Frau muss nach München" (Thorsten Schmitz).
[42] Vgl. Süddeutsche Zeitung vom 8.10.2009: „In eigener Sache" (Thorsten Schmitz).
[43] Vgl. Frankfurter Allgemeine Zeitung vom 22.10.2009: „Demjanjuk-Prozess kann beginnen" (Friedrich Schmidt).

der Zeitschrift „Einsicht" des Fritz-Bauer-Instituts in Frankfurt am Main drei kleinere Fachaufsätze. Das bedeutet für unseren Zusammenhang: Erst im Spätherbst 2009 ging die Berichterstattung über die allgemein informierenden und tagesaktuell arbeitenden Medien hinaus und wurde in die Fachwelt hineingetragen.

Der erste, von Tom Segev verfasste Beitrag konzentrierte sich auf das Gerichtsgeschehen in Sachen Demjanjuk in Israel. Die Leser wurden durch die Schilderung der Prozessumstände und einer kurzen Darstellung der Urteile bezüglich der Vorgeschichte sozusagen auf den aktuellen Stand gebracht. Dabei scheute sich Segev nicht, prägnant zu werten, so zum Beispiel, dass die israelische Presse Demjanjuk „noch vor Prozessbeginn schuldig" gesprochen habe[44]. Seine generelle Skepsis schien in Sätzen wie diesem durch: „Der Demjanjuk-Prozess zeigt, wie zuvor schon der Eichmann-Prozess, dass sich ein Gerichtsverfahren nur sehr begrenzt als Medium der Geschichtsvermittlung eignet." Segev wies damit auch auf ein Problem hin, das sich im Verlauf der Münchner Verhandlung ergeben sollte: die Vermischung von juristischer und geschichtswissenschaftlicher Sphäre. Die beiden anderen Aufsätze stammten von jungen Wissenschaftlerinnen, die damit Einblicke in den Stand ihrer Promotionsvorhaben gaben. Sara Berger untersuchte die Strafverfahren gegen das Personal, das an der „Aktion Reinhardt" beteiligt war, Angelika Benz erforschte die Geschichte der Trawnikitruppe.

Diese Projekte sind per se ein Hinweis darauf, wie sehr dieser Teil der Täterforschung bis 2009 vernachlässigt worden ist. Angesichts der Flut an Literatur, die die Holocaust-Forschung über mehrere Jahrzehnte produziert hat, ist die Tatsache, dass ähnliche Forschungsvorhaben bis heute im Gange sind, zumindest sehr bemerkenswert. Berger nahm nur in der Einleitung ihres Aufsatzes auf den Fall Demjanjuk Bezug. Abermals – wie in manchem Zeitungsartikel – diente ihr das Verfahren also nur als aktueller Aufhänger. Der Schwerpunkt des Textes lag auf den deutschen Vorgesetzten der Trawniki und deren juristischem Schicksal nach dem Zweiten Weltkrieg. Berger umriss dabei grob die insgesamt neun Prozesse wegen der Morde in Sobibór, Treblinka und Belzec und betonte die Schwierigkeiten der Justiz. Als generelle Tendenz sah sie, dass die SS-Angehörigen sich stets als kleine Rädchen in einer großen Maschine bezeichnet hätten.

Diese Beobachtung ging einher mit den Strategien in anderen NSG-Verfahren. Berger resümiert, dass die Prozesse zur „Aktion Reinhardt"

---

[44] Segev, Demjanjuk in Jerusalem, S. 20; das folgende Zitat findet sich ebenda, S. 21.

Vor den Richtern die Experten 59

deutlich gemacht hätten, wie begrenzt die juristischen Möglichkeiten zur Verfolgung der NS-Verbrechen waren. So schreibt sie:

> „Hält man sich den Charakter der Vernichtungslager vor Augen, in denen jeder einzelne Täter seinen Beitrag zum kollektiven Mord an über anderthalb Millionen Menschen geleistet hatte, bestürzt die geringe Anzahl der letztlich 19 Verurteilten ebenso wie das geringe Strafmaß in einzelnen Fällen."[45]

Grund für das partielle Scheitern der Strafverfolgung seien auch gesellschaftspolitische Entwicklungen wie die insgesamt zögerliche Aufarbeitung der NS-Vergangenheit. Trotzdem hätten die Prozesse der Öffentlichkeit die Dimension der Massenmorde gezeigt.

Angelika Benz begann ihren Beitrag mit einer Reflexion der bisherigen Berichterstattung zum Fall Demjanjuk, indem sie Schlagzeilen der „Bild-Zeitung" und eine Überschrift aus einem „Zeit"-Dossier zitierte. Diese Spiegelung zeigte, wie nahe beieinander Zeithistorie und Journalistik im Allgemeinen liegen und wie sie sich auch in diesem Fall bei der Bewertung gegenseitig Impulse gaben. In ihrer Untersuchung, die auf der Auswertung von Quellen aus dem Bundesarchiv und dem *United States Holocaust Memorial Museum* in Washington fußte, versuchte Benz, generelle Aussagen über die Rekrutierung und den Alltag der Trawniki zu treffen, blieb in den Schlussfolgerungen jedoch sehr vorsichtig. So lautete die Bilanz: „Wie frei die Trawnikis [sic!] in ihrer Bewegung waren, lässt sich nicht mit Bestimmtheit sagen. Das war abhängig von Zeitpunkt, Aufenthaltsort, Vorgesetztem und Einsatzart."[46]

Skeptisch äußerte sich Benz in dem Aufsatz zur Frage, ob die Trawniki eindeutig zur Täter- oder zur Opferseite im Holocaust zuzuordnen seien. Es gebe „eine große Zahl von Trawniki-Männern, die äußerst brutal gegen Juden vorgingen, bei einigen von ihnen bildete mit Sicherheit ein bereits vorhandener Antisemitismus die Grundlage ihres Verhaltens". Doch schrieb sie ebenso: „Es gab auch Trawniki-Männer, die sich weigerten, die von ihnen geforderten Dienste zu leisten, und die desertierten." Der Aufsatz bot klare Hinweise auf die Problematik des Demjanjuk-Falles aus der Sicht der Fachwelt. So merkte Benz an, Demjanjuk gehöre zu denen, die „selbst Opfer deutscher Gewaltherrschaft wurden und dann auf die Seite der Täter wechselten".

---

[45] Sara Berger, NS-Prozesse gegen Personal der Vernichtungslager der „Aktion Reinhardt". Anmerkungen zu Schuld und Sühne eines Massenmordes, in: Einsicht 02 (2009), S. 24–30, hier S. 28; zum Folgenden vgl. ebenda, S. 30.
[46] Angelika Benz, Von Ausbildern und Handlangern. Der Spagat zwischen Schuld und Rechtsprechung, in: Einsicht 02 (2009), S. 32–36, hier S. 34; die folgenden Zitate finden sich ebenda, S. 35 f.

Diese Behutsamkeit des Urteils stand – wenn man die gesamte Vorphase des Prozesses vor Eröffnung der Hauptverhandlung betrachtet – in einem bemerkenswerten Kontrast zur Mehrheit der journalistischen Darstellungen, die es bis dahin gegeben hatte. In den allgemein informierenden Medien wurden zwar auch einige Beiträge publiziert, die differenziert und kenntnisreich über die Realität der Trawniki-Einheiten berichteten. Aber im Allgemeinen konnte die Presse nicht mit ähnlich tiefen Einblicken wie die Fachpublikationen aufwarten. Freilich wäre es auch falsch zu behaupten, dass Demjanjuk bereits vor Beginn der Hauptverhandlung von der deutschen Presse vorverurteilt worden sei, während sich die Fachwelt vorsichtig und abwägend verhalten habe.

Der Unterschied zwischen Wissenschaft und Medien ist jedoch spürbar und kann kaum überraschen. Obwohl viele der Autoren in den großen Zeitungen und Magazinen, etwa Robert Probst von der „Süddeutschen Zeitung" und Klaus Wiegrefe vom „Spiegel", ausgebildete Zeithistoriker sind, können ihre Kenntnisse nicht mit dem Spezialwissen von Experten verglichen werden. Tagesaktuell berichtende Medien sind keine Foren für Fachdebatten und bieten der Wissenschaft nur in Ausnahmefällen Raum für Meinungsäußerungen. In Tageszeitungen und Nachrichtenmagazinen haben die tagtäglichen Entwicklungen Vorrang vor einer Einordnung in den historischen Gesamtzusammenhang. Dieser Sachverhalt wurde in der Demjanjuk-Berichterstattung immer wieder deutlich. Vom Wettbewerb mit anderen Nachrichten hing nicht zuletzt Platzierung und Länge der Artikel ab. Daher musste die überaus komplizierte Lebensgeschichte des Beschuldigten immer wieder verkürzt dargestellt werden. Es fehlte der Platz, um wichtige Nuancen zu erwähnen. Da die Gelegenheit, ausführlich und detailliert alle Fakten und Zusammenhänge darzustellen, selten kam, sind Ausnahmen umso mehr hervorzuheben.

So gesehen ist der Vorberichterstattung über den Fall Demjanjuk erstaunliche Tiefe und Variation zu bescheinigen. Lange vor der Eröffnung der Hauptverhandlung waren die wichtigsten Fakten publiziert und die wichtigsten Schwierigkeiten der Prozessführung benannt. Dies mag an Zufällen wie dem Jubiläum der Ludwigsburger Zentralen Stelle gelegen haben oder an den juristischen Schritten der Verteidiger, die viel Zeit und Gelegenheit gaben, Aspekte des Falles auszuloten. Doch spielte es sicher auch eine Rolle, dass in der gesamten Vorphase immer wieder vom „letzten NS-Prozess" gesprochen wurde. Den Berichterstattern war die historische Dimension dieses Falles bewusst – und das könnte Anlass zu jenen „besonderen Anstrengungen" gegeben haben, die in diesem Kapitel geschildert worden sind.

IV. Vor dem Landgericht München – ein Weltereignis?

1. Vom lästigen Drumherum: Einblick in die Vorbereitungen zur Berichterstattung

Sich vorzubereiten auf Unvorhersehbares ist schwierig, obwohl Journalisten bekanntlich Überraschungen lieben. Die Planungen für die Berichterstattung zum Demjanjuk-Prozess waren deshalb problematisch, obwohl der Bayerische Rundfunk schon viel Erfahrung mit der Begleitung internationaler Großereignisse gesammelt hatte. Da der Prozess in München stattfand, war der BR thematisch für das gesamte Hörfunk-System der ARD zuständig. Das musste bedacht werden, denn die Programme der ARD sind sehr verschieden. Frühere NSG-Verfahren konnten bei den Vorüberlegungen kaum als Maßstab gelten, da der Medientakt seither schneller und fordernder geworden ist. Vor allem hat sich die schiere Menge der Berichte erheblich erhöht. Spätestens seitdem sich auch in Deutschland so genannte Info-Programme bei Radiosendern und Fernsehkanälen etabliert haben, sind ständige Updates notwendig, oft stündlich oder zweistündlich. Die Printmedien verspüren durch die Konkurrenz des Online-Journalismus ebenso verstärkten publizistischen Druck.

Wir wussten also, wir würden an den ersten Tagen beinahe stündlich neue Beiträge schreiben. Das war mit nur einem oder zwei Reportern vor Ort nicht zu schaffen, da sonst die Beobachtung des Geschehens im Gerichtssaal nicht möglich gewesen wäre. Das war jedoch conditio sine qua non. So mussten für den Auftakt der mündlichen Verhandlung weitere Reporter verpflichtet werden; wir waren in den ersten Tagen der Hauptverhandlung zunächst vier Berichterstatter, an vielen Prozesstagen freilich nur zwei.

Ebenso schwierig einzuschätzen war die Frage der Langzeit-Berichterstattung. Ich war der Ansicht, dass an jedem Prozesstag ein BR-Hörfunk-Reporter vor Ort sein sollte. Denn angesichts des Alters und der (kolportierten) Krankheit des Angeklagten war ein plötzliches Ende des Verfahrens wegen Verhandlungsunfähigkeit jederzeit möglich. Auf diesen Fall mussten wir vorbereitet sein. Es stellte sich bald heraus, dass der BR-Hörfunk aufgrund dieser „Selbstverpflichtung" (mit Ausnahme des italienischstämmigen freien Agentur-Mitarbeiters Andrea Jarach) als einziges Medium kontinuierlich dem Hauptverfahren beiwohnte, auch wenn nicht jeder Prozesstag eine Berichterstattung wert war.

Das Problem der schriftlichen Aufzeichnung des Prozessgeschehens lösten wir mit einem internen, auf einem Redaktionslaufwerk elektronisch gespeicherten Logbuch, in dem wir über jeden Prozesstag Protokoll führten. Zwar war es wahrscheinlich, dass sich darin bei zwei (oder mehr) Autoren unterschiedliche Schwerpunkte der Beobachtung ergeben würden, doch schien uns die Verlässlichkeit hinreichend, um dem Verfahren inhaltlich folgen zu können. Da es in deutschen Gerichten kein offizielles Gerichtsprotokoll gibt, dürfte unser Logbuch, abgesehen von den Notizen der Prozessparteien, trotz seiner Unzulänglichkeiten die ausführlichste und umfangreichste Mitschrift sein, die zum Verfahrensgeschehen erstellt worden ist.

Jeder Logbuch-Eintrag folgte rudimentären Regeln, nannte die Uhrzeit von Beginn und Ende der Verhandlung sowie den Autor des Eintrags. Die meisten Berichte sind circa zwei Schreibmaschinenseiten lang. Das erscheint angesichts von (meist) drei bis vier Stunden Verhandlung wenig. Doch ging es lediglich darum, den Fortgang inhaltlich darzustellen. An ereignisreichen Tagen füllten die Notizen auch vier oder fünf Seiten. Vor allem an den Tagen, an denen schriftliche Urkunden eingeführt und dann vorgelesen wurden, fiel das Logbuch knapper aus und blieb auf das Ergebnis gerichtet. Da die Berichte der anderen Medien im Lauf der 18-monatigen Hauptverhandlungszeit sehr rasch „dünner" wurden und bald nicht mehr zu finden waren, bilden die Logbuch-Einträge das Rückgrat der folgenden Kapitel über den Ablauf der Hauptverhandlung.

2. Großereignisse brauchen eine große Logistik

„Am Montag, den 30. November 2009, 6.18 Uhr komme ich vor dem Gerichtsgebäude in der Nymphenburger Straße 16 an. Es stehen bereits ein halbes Dutzend Ü-Wägen bereit, die ersten Fernsehteams machen bereits Aufnahmen und ich reihe mich in die Schlange der wartenden, etwa 30 Pressevertreter ein."

So beschrieb die Historikerin Angelika Benz ihre Erlebnisse am ersten Prozesstag[1]. Die frühmorgendliche Ankunftszeit zeigte die Vorsicht der Autorin. Sie war angebracht, doch hatte Benz den Vorteil, als Einzelperson zu kommen und keinen Berichterstattungspflichten zu unterliegen. Denjenigen, denen Andruck-Zeiten, Sendeschemata oder Konkurrenzdruck im Nacken saßen, führte die deutsche Gerichtslogistik dagegen am 30. November 2009 ihre Schwerfälligkeit vor Augen.

---

[1] Benz, Henkersknecht, S. 23.

Großereignisse brauchen eine große Logistik 63

Dabei hatten sich praktisch alle Journalisten, die den Demjanjuk-Prozess verfolgten, bereits seit Tagen, wenn nicht Wochen, auf diesen Tag vorbereitet. Das war vor allem auf eine Verfügung des Landgerichts München II vom 4. November 2009 zurückzuführen, die Einschränkungen der Arbeitsroutine angekündigt hatte. So wurde zum Beispiel ein Verbot für Handys, Foto-, Film und Tonbandaufnahmegeräte verhängt[2]. De facto mussten Journalisten, die nicht wie das „normale" Publikum behandelt werden wollten, bei der Pressestelle des Gerichts eine Presseakkreditierung beantragen. Zudem kündigte die Verfügung noch Sichtblenden und Absperrgitter als besondere Sicherheitsmaßnahmen vor dem Gerichtssaal an. Sie erschwerten Interviews in der Anfangsphase erheblich, weil wir Mikrofone und Kameras jedes Mal zuerst bei der Sicherheitskontrolle abholen mussten, wo sie während der Verhandlung bewacht wurden.

Allerdings war es mit der Anmeldung der Teilnahme am Prozessgeschehen als Beobachter im Fall Demjanjuk nicht getan. Die Ü-Wagen stellten sich nicht von selbst vor dem Gerichtsgebäude auf: Sie mussten (auch im Fall des BR) bei der für Außenübertragungen zuständigen Abteilung reserviert werden. Andere Kollegen, vor allem ausländische, mussten Ü-Einheiten vermutlich mieten. Auch wenn vieles davon Routine war: In Zeiten knapper werdender Ressourcen ging es uns Reportern auch darum, interne Engpässe zu vermeiden. Wer mit einem Ü-Wagen arbeiten kann und wer ohne Unterstützung durch technisches Personal Berichte produzieren muss, entscheidet sich manchmal, ganz banal, nach der Reihenfolge der Bedarfsanmeldung. Wenn alle Kapazitäten verplant sind, muss ohne technischen Support produziert werden.

Zur Illustration der logistischen Überlegungen seien noch zwei Details geschildert. Da es im Gericht keinen Pressesaal gab – die Idee einer Videoübertragung in einen zweiten Saal war verworfen worden – stellte sich die Frage: Wo konnte man unter großem zeitlichen Druck an einem Wintertag überhaupt einen Bericht schreiben? Gänge und Treppenstufen des Gerichtsgebäudes und der Außenbereich schieden aus; in den Ü-Wagen war Hektik absehbar. Wir entschieden uns dafür, ein so genanntes „Office-Mobil" anzufordern – einen mit Tischen und Stühlen eingerichteten Transporter des BR. Zuletzt war noch die Frage des Standorts der Ü-Wagen und des Mobils zu klären. Ein Andrang anderer Radio- und Fernsehteams aus aller Welt am Gerichtsgebäude war absehbar; zudem bestand technisch der

---

[2] Vgl. das Schreiben des Landgerichts München II, 1. Strafkammer, vom 4.11.2009; Kopie im Besitz des Verfassers.

Zwang, möglichst nahe an einem Verteilerkasten der Telekom zu sein, da Hörfunk-Berichte anders als früher nicht mehr über eine so genannte Funkstrecke versendet werden, sondern per Datenleitung, was die Verlegung von Kabeln notwendig macht. Schließlich ließ der BR seine guten Beziehungen zur Münchner Justiz spielen: Das Personal des Justizzentrums sperrte eigens eine Parkbucht für die Ü-Wagen ab.

Doch machte die technische Infrastruktur nur einen kleinen Teil der Vorbereitungen aus. In der föderalen Struktur ARD mit ihren stark divergierenden Programmen waren auch Vorab-Informationen zur Berichterstattung notwendig. Dabei gibt es eine Art Mechanik, die sich in der ARD-Zusammenarbeit bewährt hat. Reporter und Redaktionen wissen: Die Kollegen in den Anstalten sollten etwa eine Woche bis circa drei Tage vor einem großen Ereignis erfahren, was sie an Berichten erwarten dürfen. Dazu werden ARD-Angebote formuliert. Angebot bedeutet im ARD-Deutsch Beiträge, die der zuständige Sender den anderen Anstalten kostenfrei zur Übernahme in deren Programmen zur Verfügung stellt. Im Fall des Demjanjuk-Prozesses war es am BR, für den Morgen des 30. November 2009 Berichte im digitalen Beitragsspeichersystem bereitzustellen.

Die schriftliche Ankündigung wurde – auch das ist eine alte ARD-Gepflogenheit – in einem elektronischen Rundschreiben versandt. Sie lautete in ihrer wichtigsten Passage wie folgt:

„Am Montag, den 30.11. beginnt vor dem Landgericht München II der Prozess gegen John Demjanjuk. Ihm wird von der Staatsanwaltschaft vorgeworfen, im Jahr 1943 an der Ermordung von fast 28-tausend Juden im KZ Sobibór beteiligt gewesen zu sein. Zu Ihrer Disposition bieten wir am Freitag, den 27.11. folgende Beiträge im Vorfeld des Prozess-Beginns an: 1) Vorbericht kurz – 1'00 MoE und MmE Autor: Tim Aßmann 2) Vorbericht lang – 3'00 BmE – Autor: Rainer Volk."

Die Abkürzungen bezogen sich auf Sende-Standards; die „kurzen" Minuten-Vorberichte (in diesem Fall von Tim Aßmann) richteten sich vorwiegend an die Info-Programme (MoE heißt „Minute ohne Einspielung"), während in der zweiten Form (MmE) eine O-Ton-Einspielung vorgesehen ist; der längere Beitrag (BmE) von drei Minuten beinhaltete ebenfalls O-Töne.

Darüber hinaus boten wir an, für so genannte Live-Gespräche ab 6 Uhr am Morgen des 30. November zur Verfügung zu stehen. Diese Form des Kollegen-Interviews hat sich bei den ARD-Programmen und allgemein im Radio in den letzten Jahren stark verbreitet, da hier eine weniger formale Sprache als in den fertig formulierten Beiträgen gepflegt werden kann. Der gesamte Duktus der Erzählung ist natürlicher, informeller, persönlicher. Zudem kann der Fragende (in der Regel der Moderator einer Sendung) eigene Schwerpunkte setzen, die dem generellen Format der Sendung entsprechen. Politische Sendungen arbeiten mit anderen Fragen als Magazin-Formate. Ein weiteres Argument ist medientheoretischer Natur: Durch die informellere Form entsteht subjektiv ein Gefühl der Nähe zwischen Sender und Ereignis; damit aber wähnt sich auch der Hörer näher am Geschehen. Zudem kann die ARD, noch mehr im Ausland als im Inland, mit ihren personellen Ressourcen glänzen.

In den insgesamt drei Rundschreiben, die die federführende Redaktion Politik vor Beginn der Hauptverhandlung versandte, schien auch ein Vorgriff auf das Tagesgeschehen des 30. November wichtig. So teilten wir bereits vorab mit, dass wir mittags und nachmittags weitere aktualisierte Berichte anbieten würden und dass wegen der angegriffenen Gesundheit von Demjanjuk nur circa vier Stunden pro Tag verhandelt werden könne[3].

3. Sendeformen und ihre Probleme – kurz, lang, Hintergrund, Kommentar

Für die Sendeformen des Radios (und der audiovisuellen Medien überhaupt) muss noch ein grundlegendes Faktum erwähnt werden. Die gängigen Formate, der einminütige Kurzbeitrag und der knapp dreiminütige Beitrag, lassen sich nur bedingt mit Artikeln in Printmedien vergleichen. Zunächst sind Hörfunkbeiträge in der Regel kürzer als Zeitungsbeiträge. Der Erfahrungswert, dass pro Minute circa 1000 Textzeichen eines Skripts gesprochen werden können, verdeutlicht das. Ein durchschnittlicher Artikel von hundert Zeilen in einem Printmedium wäre bei einer Zeilenbreite von 35 bis 40 Anschlägen zum Beispiel ungefähr um ein Viertel länger.

Dazu kommt: Die „Dreiminüter" enthalten in der Regel auch O-Töne, also Originalzitate eines oder mehrerer Gesprächspartner. Diese Form, de facto eine Mischung aus selbst verfasstem Skript und Zuspielungen, ist in den letzten Jahrzehnten quasi die medientypische Erzählweise des Radios geworden. Zwar führen auch die Kollegen von den Printmedien für ihre Artikel Interviews. Doch genügt in diesem Fall ein Telefon oder das Internet. Von moderner Radioberichterstattung verlangt der Hörer hingegen, dass O-Töne möglichst Studioqualität haben. Das bedeutet einen Mehraufwand an Zeit und finanziellen Ressourcen.

---

[3] Das Schreiben liegt dem Verfasser im Original vor (als Word-Dokument, ohne Ausgabedatum).

Abb. 2: Auftakt zur Hauptverhandlung (Photo: Thomas Hauzenberger)

Die Vorberichte für den Demjanjuk-Prozess veranschaulichten dies. Da die Prozessbeteiligten in München vor der Hauptverhandlung nicht immer greifbar waren, hätten Interviews vor Prozessbeginn erhebliche Reisekosten verursacht. Wir beschränkten uns also auf den Gerichtsort München und führten für die Beiträge zum 30. November 2009 Gespräche mit den Vertretern der Staatsanwaltschaft, des Gerichts und dem Sicherungsverteidiger Demjanjuks, dem Münchner Anwalt Günther Maull. Außerdem durften wir in einer Art kollegialem Austausch ein Interview verwenden, das ein Kollege des Deutschlandfunks Köln mit dem Nebenklägervertreter Professor Cornelius Nestler geführt hatte. Wichtige Aspekte meines langen Vorberichts waren: der zu erwartende Medien-Andrang, die Beweislage gegen Demjanjuk, die Einmaligkeit der Anklage gegen einen nicht-deutschen Täter im KZ-System verbunden mit der Frage des so genannten Befehlsnotstands sowie der Gesundheitszustand des Angeklagten, den ich – auch mithilfe eines Zitats von Günther Maull so zusammenfasste: „Der Ukrainer wird im Rollstuhl im Gerichtssaal erscheinen. Er leide, sagen die Verteidiger, an Gicht und einer Leukämie-Form. [...] Deswegen wird pro Tag höchstens zweimal 90 Minuten verhandelt."[4]

---

[4] Rainer Volk, Vorbericht Demjanjuk-Prozess, ARD-Angebot vom 30.11.2009. Der Beitrag befindet sich als Word-Dokument im Besitz des Verfassers; die Audio-Fassung ist im Hörfunk-Archiv des BR digital gespeichert.

In den erwähnten Ankündigungsschreiben an die ARD-Anstalten fand auch ein Beitrag mit der Überschrift „Die lange Geschichte der Justiz-Ermittlungen gegen Demjanjuk" Erwähnung. Dieser Hintergrundbericht beruhte im Wesentlichen auf den im Archiv zugänglichen Fakten und sollte die Hörer über die seit Jahrzehnten anhaltenden Ermittlungen und Prozesse informieren. Dabei spielten auch die beiden Verfahren in Israel eine Rolle, von denen es O-Töne in den Audio-Archiven der ARD gab. Ohne diverse aktuelle und „historische" akustische Einspielungen (O-Töne) wäre es praktisch unmöglich, einen solchen Bericht anzubieten – er würde nicht mehr gesendet, denn die formellen Anforderungen an die Berichterstattung haben sich durch die akustische Qualität der Programme (UKW, teilweise auch Digital-Frequenzen) erheblich verschärft. Selten nur sieht man es einem Korrespondenten nach, wenn er seinen aktuellen Drei-Minuten-Bericht aus Zeitnot oder wegen anderer Schwierigkeiten ohne O-Ton anbietet. Einzige Ausnahme ist der Kommentar. Diese journalistische Form, bei der Meinung und Einordnung von Fakten im Mittelpunkt stehen, sollte im Demjanjuk-Verfahren zwar auch zu ihrem Recht kommen, jedoch nur selten. Die aktuelle Berichterstattung, die Darstellung der Fakten, hatte eindeutig Vorrang.

4. Auftakt zum Hauptverfahren – das vorhergesagte Chaos

Der 30. November 2009 war als Arbeitstag lang, schwierig, chaotisch und über viele Stunden fast alptraumhaft. Er begann bereits morgens gegen 5 Uhr 45 mit Live-Interviews und ging dann bis in den Abend hinein praktisch ohne Pause weiter. Obwohl ereignisreiche Tage etwas Rauschhaftes haben, blieben manche Eindrücke hängen: das Gedränge vor dem Gerichtsgebäude, das Schild vor der „Demjanjuk-Sammelzone", in der ab dem frühen Morgen über 200 Journalisten aus aller Welt eingepfercht wurden und das Gefühl vermittelt bekamen, hilfloser Teil einer amorphen Menschenmasse zu sein. Ebenso beeindruckend waren die Enge im Treppenhaus, die Aggressivität einiger Kollegen vor den Ausweiskontrollen und die Untersuchung der Gegenstände, die man mitgebracht hatte, um arbeiten zu können. Und dann der Saal selbst! Als ich es gegen zehn Uhr geschafft hatte, Zugang zu erhalten – immerhin fast rechtzeitig! –, herrschte dort ein heilloses Wirrwarr: Kollegen aus dem In- und Ausland, Nebenkläger aus den Niederlanden, Kanada, den USA, dazu Dolmetscherinnen – und das gute Dutzend Anwälte. Das alles in einem Saal aus den 1970er Jahren, in den fast kein Tageslicht drang.

Das Warten auf den Angeklagten sei in einer fast „festlichen Atmosphäre" vergangen, schrieb Lawrence Douglas[5]. Als Justizbeamte John Demjanjuk mit dem Rollstuhl in den Saal schoben, erhoben sich viele Kollegen unwillkürlich; manche stiegen auch auf die Sitze, um einen Blick zu erhaschen. Es wurde ruhig, ja andächtig im Saal. Dafür klickten die Kameraverschlüsse der Fotografen umso lauter, prasselte ein Blitzlichtgewitter auf Demjanjuk ein – ein gespenstisches Spektakel. Die blau-graue Baseballmütze, die er über das Gesicht gezogen hatte, beachteten wir wenige Wochen später kaum mehr. Am ersten Tag notierten wir das Detail begierig. Eine Wolldecke verdeckte seinen Oberkörper. Dazu zeigte Demjanjuk absolute Teilnahmslosigkeit gegenüber dem Geschehen im Saal, stöhnte aber ostentativ wegen seiner Schmerzen, von denen niemand wusste, ob sie echt waren oder gespielt wurden, um Mitleid zu erheischen und abzulenken vom strafrechtlichen Inhalt der Verhandlung. Lawrence Douglas merkte dazu später an, Demjanjuk habe damit dem Begriff Schauprozess eine neue Bedeutung gegeben und mit seinem Auftritt die Mitleids-Karte überreizt.

Es war fast 11 Uhr 15, als das Gericht erschien; drei Richter und zwei Schöffen, dazu eine Ersatzrichterin und ein Ersatzschöffe. Der Vorsitzende der Strafkammer, Ralph Alt, entschuldigte sich für die Verspätung; man habe den Medienandrang unterschätzt. Der Saal quittierte das mit höhnischem Gelächter. Die Pausen – von denen es bereits an diesem ersten Tag mehrere gab – boten kaum Erholung. Wir mussten jedes Mal die digitalen Aufnahmegeräte bei den Justizbeamten auslösen, was Zeit kostete. Die Hektik entlang der Absperrungen vor dem Gerichtssaal war groß. Denn noch kannten sich Anwälte, Nebenkläger und Journalisten nicht. Ein gewisses Misstrauen war zu spüren: Wer war dieser Mensch, der ihnen das Mikrofon fast ins Gesicht steckte, damit die Geräuschkulisse bei der Aufnahme nicht zu sehr störte? Allenthalben herrschte Nervosität, war Stress zu spüren.

Einige der Nebenkläger hatten in den Tagen zuvor bereits Interviews für Zeitungen gegeben; ich erkannte sie von den Fotos wieder. Die meisten sprachen untereinander holländisch; gelegentlich waren rührende Szenen zu beobachten, wenn einen die Aufregung übermannte und er getröstet werden musste. Alle waren im Rentenalter. Justizangestellte führten sie bei Prozess-Unterbrechungen in einen Saal, der über einen Flur hinweg offen stand. Ging es den Behörden darum, die Etikette zu wahren? Spielte hier

---

[5] Im Original: „yet the atmosphere in the room is festive"; vgl. hierzu und zum Folgenden Douglas, Ivan the Recumbent, S. 46.

Auftakt zum Hauptverfahren – das vorhergesagte Chaos 69

auch eine Ahnung von historischem Geschehen mit? Die Interviews der Nebenkläger deuteten es bereits an: Wir waren nicht die einzigen, die den ersten Tag der Hauptverhandlung bereits vorab journalistisch vermessen hatten. Etwa ab dem 20. November 2009 gab es in den Printmedien erste Reportagen und Hintergrund-Nachrichten zum Prozessauftakt, fast alle enthielten im Text die Information, in der folgenden Woche beginne in München der „vermutlich letzte große Nazi-Prozess".

Entscheidend war aus der Sicht des medialen Wettbewerbs, dass die Nachrichtenagenturen ihre Vorabmeldungen ebenfalls um diese Zeit veröffentlichen. So vertieften etwa die Agenturen ddp und AP den Aspekt der Trawniki, AP zum Beispiel am 24. November[6]. Der „Spiegel" löste sein Handicap, stets montags zu erscheinen und damit eventuell hinterher zu hinken, indem er seine „Vorab-Geschichte" um eine Woche vorzog und bereits am 23. November über mehrere der niederländischen Nebenkläger und ihre Lebensgeschichten berichtete. Die Überschrift des Artikels „Wahrheit und Gerechtigkeit" ging auf ein Zitat des Anwalts Professor Cornelius Nestler zurück, der die Mehrheit der Nebenkläger vertrat[7].

Die Wochenzeitung „Die Zeit" versuchte, sich von den anderen Medienangeboten zu unterscheiden, indem sie darauf verwies, der in München Angeklagte sei nur einer von mehreren ehemaligen Hilfswilligen, denen bei einem Erfolg der Anklage gegen Demjanjuk eine Ausweisung aus den USA und ein Gerichtsverfahren drohten. Der Autor, Heinrich Wefing, wertete den bevorstehenden Prozess als Abkehr von der Nicht-Verfolgung ausländischer NS-Täter, indem er resümierte: „Der Fall Demjanjuk bedeutet einen ersten, womöglich entscheidenden Bruch mit der bisherigen Praxis. Auch das macht den Prozess in München so bedeutsam."[8]

Die „Süddeutsche Zeitung" schließlich räumte dem Thema gleich an mehreren aufeinander folgenden Tagen ganze Seiten ein. So druckte sie in der Wochenendausgabe vom 28./29. November 2009 auf Seite fünf vier Berichte, die den Auftakt des Demjanjuk-Prozesses zum Anlass hatten. Dabei griff das Blatt zwar auch die Problematik der Nebenkläger auf, indem es Lebensweg und Schicksal von Jules Schelvis beschrieb und in weiteren Artikeln abermals die juristischen Auseinandersetzungen um die Rolle von

---

[6] Die Meldung trägt die Nummer AP 8040 und datiert vom 24.11.2009, 9:04:45 Uhr; die Überschrift lautet: „Stichwort: Trawniki – Hintergrund"; eine Kopie befindet sich im Besitz des Verfassers.
[7] Der Spiegel vom 23.11.2009: „Wahrheit und Gerechtigkeit" (Georg Bönisch/Jan Friedmann).
[8] Die Zeit vom 26.11.2009: „Nicht bei uns" (Heinrich Wefing).

John Demjanjuk zusammenfasste. Neben dem (mit Fotos illustrierten) Artikel über Schelvis war jedoch auch ein Beitrag des Gerichtsreporters Hans Holzhaider zu lesen, der seine Eindrücke vom zeitgleich in Aachen stattfindenden Prozess gegen den deutsch-niederländischen SS-Mann Heinrich Boere zusammenfasste[9]. Als Bindeglied für die vier Beiträge fungierte eine über die ganze Seite laufende Überschrift: „Am Montag beginnt der Demjanjuk-Prozess: Rechtsprechung nach 66 Jahren." Die Frage, inwieweit die beiden Fälle Boere und Demjanjuk miteinander vergleichbar waren, ließ die „Süddeutsche" jedoch unbeantwortet. Stattdessen blieb der Artikel vorsichtig beim Fall Boere und stellte keine Analogien her. Nur der Einstieg, in dem es um die Krankheit Boeres ging, ließ für Leser, die Demjanjuks Gesundheitszustand kannten, gewisse Rückschlüsse zu.

Diese Auswahl ist natürlich unvollständig und zeigt nur Ausschnitte des Auftakt-Angebots an Berichterstattung. Aber sie genügt, um die These aufzustellen: Das mediale Gewitter ging bereits vor dem ersten Verhandlungstag auf die Öffentlichkeit nieder. Wie schon anlässlich der Abschiebung im Mai 2009 fand abermals eine Art Vorbereitung des Publikums auf ein unmittelbar bevorstehendes Ereignis statt: das Öffnen der Türen im Saal A 101 des Münchner Justizpalastes, das Erscheinen des Angeklagten – und wenig später des Gerichts.

Angesichts der großen Reportagen, die vorab publiziert wurden, lässt sich im Rückblick behaupten: Was den Fortschritt des Verfahrens betraf, hatte der erste Tag geringe nachrichtliche Bedeutung. Die Meldung der Deutschen Presseagentur vom Nachmittag des 30. November beschränkte sich bereits auf die äußeren Umstände wie den „Auftritt" Demjanjuks im Rollstuhl, den „Kopf weit zurückgelehnt, eine blaue Schirmmütze sitzt schief auf dem Kopf"[10]. Neuigkeitswert hatten eigentlich nur die Informationen über den ersten Befangenheitsantrag der Verteidigung und die Aussagen von drei Gutachtern, denen zufolge Demjanjuk eingeschränkt verhandlungsfähig sei. Diese Konzentration auf die äußerliche Dramatik und das starke Interesse der internationalen Öffentlichkeit verdrängte, dass es an diesem Tag nicht einmal gelang, die Anklageschrift zu verlesen. Stattdessen füllte eine Wiederholung bereits bekannter Fakten (Sobibór, Demjanjuks Prozessgeschichte, die Beweismittel) den Rest des Berichts.

---

[9] Vgl. Süddeutsche Zeitung vom 28./29. 11. 2009: „Todesschwadron ‚Silbertanne'".
[10] Die Meldung trägt die Nummer dpa 566 und datiert vom 30.11.2009, 17:19:19 Uhr; die Überschrift lautet: „(Aktualisierte Fassung) Mord an 27 900 Juden – Angeklagter im Rollstuhl" (Sabine Dobel); eine Kopie befindet sich im Besitz des Verfassers.

Auftakt zum Hauptverfahren – das vorhergesagte Chaos 71

Am folgenden Tag schilderte das Feuilleton der „Frankfurter Allgemeinen Zeitung" in einem circa 130 Zeilen langen Artikel ebenfalls vor allem die äußeren Umstände des Prozessauftakts: das Getümmel der Journalisten in der „Demjanjuk-Sammelzone", den ersten Befangenheitsantrag des Verteidigers und das Erscheinen des Angeklagten. Die nachdenklichste Passage des Artikels lautete:

> „Seit den ersten Prozessen gegen NS-Verbrecher erstaunt immer wieder die Diskrepanz zwischen der Erwartung des Publikums und dem tatsächlichen Auftritt des Angeklagten: Erwartet werden Bestien, Unmenschen, Abgesandte der Hölle, herein kommen Biedermänner, Familienväter, Bürokraten. Diesmal ein anderes Schauspiel: John Demjanjuk liegt mehr in seinem Rollstuhl, als dass er darin säße."[11]

Damit wurde der Auftakt unter dem Blickwinkel der Theatralik und der Gerichtssaal als „Bühne" betrachtet – eine dem Feuilleton angemessene Perspektive auf eine Justizhandlung. Im politischen Teil derselben Zeitung berichtete ein Artikel über das Geschehen des Tages. Auch hier spielte die Szenerie mit ihren vielen Akteuren eine große Rolle, doch widmete der Autor, Friedrich Schmidt, einen Abschnitt seines über 200 Zeilen langen Berichts auch dem ersten Antrag des Demjanjuk-Verteidigers Busch und wiederholte seine früher geäußerte Skepsis zum Vorgehen der Justiz gegen Demjanjuk. Abermals zitierte Schmidt den niederländischen Experten Rüter: „Um Demjanjuk würde sich niemand kümmern, wäre an ihm nicht der Geruch hängengeblieben, er sei ‚Iwan der Schreckliche' – der er nachweislich nicht ist"[12].

Am ausführlichsten, nämlich auf circa 360 Zeilen widmete sich erneut die „Süddeutsche Zeitung" dem Prozessauftakt. Sie räumte ein weiteres Mal ihre Seite drei frei für das Geschehen vor und im Justizzentrum. Sehr viel Platz (fast ein Drittel) gewährte der Artikel den chaotischen Begleiterscheinungen vor der Eröffnung der Hauptverhandlung. Die Ereignisse im Saal erhielten ebenfalls etwa ein Drittel der zur Verfügung stehenden Zeilen; den Rest beanspruchten die Erlebnisse und Schilderungen, die die Nebenkläger in den Verhandlungspausen an die Reporter weitergegeben hatten. Der Angeklagte spielte hingegen fast nur eine Nebenrolle. Neben seinem Eintreffen im Gerichtssaal kolportierte die „Süddeutsche Zeitung" vor allem den Zwischenfall am Nachmittag, „als John Demjanjuk nicht mehr im Rollstuhl, sondern auf einer Trage in den Saal gebracht wird, auf

---

[11] Frankfurter Allgemeine Zeitung vom 1.12.2009: „Auf der Schwelle" (Hubert Spiegel).
[12] Frankfurter Allgemeine Zeitung vom 1.12.2009: „Wer ist der Mann, der nicht Iwan ist?"

der Seite liegend, mit dem Gesäß zum Publikum"[13]. Die Beobachtung verdient schon deshalb Erwähnung, weil sie die Symbolik der Missachtung des Publikums erkannte, was bei anderen Berichten des Tages nicht geschah.

Ich selbst habe am Tag der Prozesseröffnung bis lange nach der Unterbrechung der Verhandlung (die gegen 15 Uhr 35 erfolgte) Beiträge verfasst. Nach der Produktion der dreiminütigen Zusammenfassung und eines Kommentars musste ich noch in zwei Abendsendungen des BR „live" als Gesprächspartner im Studio auftreten. Nicht zu vergessen: Ganz zum Schluss war noch als ARD-Angebot ein Vorbericht für den zweiten Verhandlungstag zu schreiben. Die drei anderen Hörfunk-Reporter des BR (und natürlich die Techniker in den Ü-Wagen) schufteten nicht weniger. Insgesamt produzierten wir alleine an diesem ersten Prozesstag rund 40 Beiträge und Live-Gespräche für die Sender der ARD – wobei diese interne Statistik wahrscheinlich nicht ganz vollständig ist[14].

Die eigenen Erlebnisse und Aktivitäten am 30. November 2009 sowie die Aufmachung und Prominenz der Platzierung der Artikel in den Printmedien zeigen: Die Medien waren sich der Tragweite des Geschehens sehr bewusst und berichteten dementsprechend in großer Aufmachung und mit viel Aufwand. Vermutlich lässt sich sogar die These wagen: Die Art der Berichterstattung befeuerte auch beim Publikum das Gefühl der Historizität. Das konnte nach dem langen Vorlauf des Prozesses kaum anders sein. Andererseits aber lässt sich einwenden: Der erste Tag legte die Latte für die Erwartungen des Publikums so hoch, dass es sehr fraglich sein musste, wie lange – nicht nur die Printmedien – weiter in dieser Form berichten konnten.

5. Der zweite Tag – die Dinge ordnen sich

Wahrscheinlich als Folge der chaotischen Begleitumstände des Prozessauftakts lief am zweiten Tag bereits alles erheblich glatter. Zwar waren die Zuschauerplätze im Saal wie die Plätze auf der zweiten Tribüne, die ein Stockwerk höher lag, weiterhin voll. Doch herrschte bereits weniger Andrang als am ersten Tag. Offenbar hatten einige Journalisten bereits nach dem Auftakt die Heimreise angetreten. In unserem Logbuch finden sich keine Hinweise auf außergewöhnliche Begleitumstände an diesem Verhandlungs-

---

[13] Süddeutsche Zeitung vom 1.12.2009: „Du glaubst nicht, was hier los ist" (Alexander Krug/Monika Maier-Albang/Florian Fuchs).
[14] Grundlage der Schätzung ist die Liste „Exklusiv-Wünsche 30.11.–1.12.2009", die in der Redaktion Politik/HF des BR zeitnah erstellt wurde; das Dokument liegt dem Verfasser in elektronischer Form vor.

Der zweite Tag – die Dinge ordnen sich   73

tag. Vielmehr heißt es dort: „Sitzungsbeginn kurz nach 10.00 h; Demjanjuk wird auf der Trage, auf dem Rücken liegend in den Saal gebracht, von Decke halb zugedeckt, spricht mit dem Arzt. Sofort nach der Eröffnung fährt Busch dem Vorsitzenden Richter Alt in die Parade: er ergänzt seine Ausführungen zum Befangenheitsantrag mit Hinweis auf diverse Landgerichts-Entscheidungen, spricht von ‚Durchbrechen der Rechtsbindung'; der Prozess diene ausschließlich sachfremden Zielen."[15] Dass Busch für seine Erläuterung 45 Minuten brauchte, erschien uns an diesem Tag noch so erstaunlich, dass wir es im Logbuch festhielten. Aber wir sollten rasch lernen: Es gehörte zu den Konstanten dieses Prozesses, dass sich der Wahlverteidiger zu Beginn eines Verhandlungstags zu Wort meldete. Kaum einer der 90 Sitzungstage bis zum Mai 2011 begann ohne eine ausführliche Stellungnahme oder einen Antrag Buschs. Bald wurde sein Auftritt so zur Routine, dass der Vorsitzende Richter eines Tages nach der Begrüßung mit gespieltem Erstaunen fragte: „Sie haben keinen Antrag?" Dieser antwortete: „Ich werde Sie doch nicht enttäuschen."[16]

Wichtiger als das kleine juristische Manöver des Verteidigers war an diesem 1. Dezember 2009 jedoch das Verlesen der Anklageschrift durch den Staatsanwalt. Hans-Joachim Lutz benötigte dafür 20 Minuten – ein Routineakt, den die Strafprozessordnung vorschreibt, der aber niemanden in seinen Bann schlug. Alle wussten längst, was die Anklage Demjanjuk vorwarf. Bedenkt man, dass ein Strafprozess erst mit diesem formalen Akt des Anklagevertreters beginnt[17], so hatten wir anderthalb Prozesstage lang nur Präliminarien erlebt. Ein ominöses Zeichen dafür, wie lange sich das gesamte Geschehen hinziehen sollte?

Zunächst aber ging es dramatisch bis melodramatisch weiter: Der Vorsitzende Richter verlas an diesem Dienstag Auszüge aus den so genannten Westerbork-Listen, also aus Namenslisten, die im niederländischen Sammellager Westerbork über Transporte in die Vernichtungslager angefertigt wurden. Sie führten namentlich alle Deportierten auf, mit deren Geburtsdatum, Herkunftsort sowie dem Tag der Abfahrt. Richter Alt verlas nur die ersten und letzten Namen jeder Seite; ein Justizbeamter legte einzelne Seiten der Listen auf einen Overheadprojektor. Es herrschte beklommene Stille im Saal. Jeder merkte in diesen Augenblicken, was die Formel „bürokratischer Massenmord" bedeutete. Alt erwähnte eigens Juden deutscher Staatsangehö-

---

[15] Logbuch-Eintrag vom 1.12.2009; das Original des Logbuchs befindet sich im Besitz des Verfassers.
[16] So in der Sitzung am 16.3.2010; zit. nach Benz, Henkersknecht, S. 117.
[17] Vgl. Detjen, Redaktionshandbuch Justiz, S. 22.

rigkeit und jene Opfer, die mit den Nebenklägern im Saal direkt verwandt waren. So wurde deren Klageberechtigung nachgewiesen und eine Vorschrift der Strafprozessordnung erfüllt.

Die Aussagen der Nebenkläger, die nach der Mittagspause begannen, waren der emotionale Höhepunkt des Tages: Nacheinander berichteten Mary Lichheimer Leyden-van Amstel, Jaap Simons, Rudolf Cortissos, David van Huiden und Martin Haas, wie sie als Kleinkinder von ihren Eltern getrennt wurden. Während sie den Krieg in Verstecken und unter falschen Namen bei Gastfamilien überlebten, starben die Eltern in Sobibór oder in anderen Vernichtungslagern.

„Zeugen brechen in Tränen aus", meldete die „Süddeutsche Zeitung" am folgenden Tag in ihrem Bericht über den Prozesstag[18]. Die „Frankfurter Allgemeine Zeitung" machte es ähnlich: Sie begann ihren Artikel mit der Schilderung, wie der Nebenkläger Marcus Degen 1943 durch die Judenverfolgung in den besetzten Niederlanden zum Vollwaisen wurde. Die Zeitung zitierte dabei den Satz: „Wenn Demjanjuk schuldig ist, soll er verurteilt werden – egal, wie hoch die Strafe ist."[19]

Nicht ganz untypisch war im Rückblick betrachtet die Tatsache, dass bereits dieser zweite Verhandlungstag frühzeitig zu Ende ging. Während der Befragung von Martin Haas meldete sich gegen 15 Uhr 20 der Angeklagte durch Zeichen bei dem im Saal anwesenden medizinischen Sachverständigen und klagte über Schmerzen. Dieser empfahl eine Vertagung des Prozesses auf den nächsten Vormittag. Haas konnte seine Aussage nicht beenden. Am Morgen des 2. Dezember stellte sich heraus: Es würde gar nicht mehr verhandelt in dieser Woche. Wir notierten im Logbuch: „Circa 10.05 Uhr: Gericht betritt Saal; Vorsitzender Richter Alt trägt vor: Angeklagter nicht anwesend. Es gab circa um 9.15 Uhr ein Telefonat mit dem Arzt [in der] JVA Stadelheim."[20] Banal ausgedrückt: Demjanjuk meldete sich zum ersten Mal krank und durchkreuzte damit alle Pläne der Prozessbeteiligten und der Medien-Beobachter.

Es sollte nicht bei diesem einen Mal bleiben – auch insofern war die erste Sitzungswoche des Prozesses richtungweisend. Immer wieder tauchte bis Mai 2011 der Verdacht auf, der Angeklagte setze seinen Gesundheitszustand taktisch ein, ohne dass ihm dies hätte nachgewiesen werden können. Es

---

[18] Süddeutsche Zeitung vom 2.12.2009: „Zeugen brechen in Tränen aus" (Alexander Krug).
[19] Frankfurter Allgemeine Zeitung vom 2.12.2009: „Ohne Erinnerungen an die Eltern" (Friedrich Schmidt).
[20] Logbuch-Eintrag vom 2.12.2009.

sollte Monate dauern, bis der Vorsitzende Richter Alt seinerseits erklärte, „viele Menschen, die sich vor Gericht verantworten müssen, fühlen sich unwohl", und eine Zwangsvorführung des Angeklagten anordnete[21]. Bezeichnend war jedoch auch, dass die Nebenkläger bereits an diesem 2. Dezember sehr abgeklärt, ja sogar zynisch auf die ungeplante Verzögerung des Prozessgeschehens reagierten. Wir notierten in unserem Logbuch:

„Nebenkläger äußern hinterher größtenteils Verständnis für [das] Gericht, obwohl sie Demjanjuk nicht glauben, krank zu sein (‚37,5 C ist kein Fieber'; ‚er wollte entspannen, es ist ihm zu schwierig, uns anzuhören' etc.). [Der] Sprecher der Sobibór-Stiftung [RA Manuel Bloch] erklärt: Verzögerung nicht schlimm – wir haben 60 Jahre warten müssen, haben jetzt alle Zeit."[22]

Im Rückblick betrachtet beinhalteten die ersten drei Prozesstage bereits wesentliche Elemente des gesamten Prozessgeschehens, wie es sich in den folgenden 18 Monaten entwickelte. Dazu gehörten neben den langen Vorträgen des Wahlverteidigers Busch die knappen – oft blassen – Einlassungen des Staatsanwalts, die Perspektive der Nebenklage (die meist von Anwälten eingebracht wurde), das stete Rätselraten um den Gesundheitszustand Demjanjuks und die geradezu behäbige Art der Sitzungsleitung. Bereits an diesem dritten Tag hatten sich die Reihen der Beobachter gelichtet; der Zuschauerraum war zwar noch gut gefüllt – aber er quoll nicht mehr über. Mit anderen Worten: Es begann sich bereits Routine einzustellen.

---

[21] Vgl. dazu Douglas, Ivan the Recumbent, S. 49.
[22] Logbuch-Eintrag vom 2. 12. 2009.

V. Beweisaufnahme – die Mühen der Ebene

1. Juristen fragen, Historiker antworten nicht

In seinem „Redaktionshandbuch Justiz" widmet Stephan Detjen dem Thema „Beweis" insgesamt drei ausführliche Artikel – ein Hinweis auf die zentrale Bedeutung des Begriffs. Vor den Stichworten „Beweislast" und „Beweisverbot" heißt es in dem grundsätzlichen Artikel lapidar: „Im Strafprozess sind der Augenschein, Zeugen, Sachverständige und Urkunden als Beweismittel zulässig."[1] Beachtenswert sind auch Detjens Ausführungen im Abschnitt „Hauptverhandlung", in dem er erklärt: „Anders als im Zivilprozess muss das Gericht im Strafverfahren selbst darauf hinwirken, dass alle möglichen und erforderlichen Anstrengungen zur Aufklärung des wahren Sachverhalts unternommen werden. Gegebenenfalls muss es deswegen weitere Zeugen oder Sachverständige laden oder die Herbeischaffung zusätzlicher Beweismittel anordnen."

Mit dem Fall Demjanjuk vertraute Kollegen hatten lange vor Beginn der Hauptverhandlung gewarnt, diese könne sehr mühsam und langwierig werden. In einem Artikel des „Spiegel" war schon im Juni 2009 von einem „Wust von Altakten […], widersprüchlichen Gutachten und vielfach analysierten Quellen-Schnipseln" die Rede; die Prognose über den Verlauf des Prozesses lautete: „So wird es wahrscheinlich hin und her gehen mit den Anträgen und Erwiderungen, über Tage und Wochen."[2] Diese Vorhersage erwies sich nur insofern als lückenhaft, als sie vergaß, auch die Monate zu erwähnen.

So trog mich im Frühjahr 2010 mein Optimismus, als ich gegenüber einigen Nebenklägeranwälten erklärte: „Die Tage werden länger. Und bald haben wir's geschafft hier." Die Antwort eines der Gesprächspartner lautete: „Ach, wir werden hier auch noch verhandeln, wenn die Tage wieder kürzer sind."[3] Der Mann behielt Recht, denn wir hatten zu diesem Zeitpunkt noch nicht einmal das erste Drittel der Beweiserhebung hinter uns. Grund für die Täuschung mögen die anfänglich normal ablaufenden Sitzungen gewesen

---

[1] Detjen, Redaktionshandbuch Justiz, S. 47; das folgende Zitat findet sich ebenda, S. 94.
[2] Der Spiegel vom 22.6.2009: „Ein ganz gewöhnlicher Handlanger".
[3] Vgl. Rainer Volk, Der letzte Prozess seiner Art? Eine Bilanz des Demjanjuk-Verfahrens in München, in: Einsichten und Perspektiven. Zeitschrift der Bayerischen Landeszentrale für politische Bildungsarbeit Nr. 2/11, S. 134–146.

sein. Denn zunächst hatte das Gericht vorwiegend Zeugen aus Fleisch und Blut geladen – wie sie in den meisten Strafprozessen üblich sind. Diese lebenden und physisch anwesenden Personen erleichterten die Berichterstattung. Menschen ließen sich gut schildern. Nach den leibhaftigen Zeugen aber tauchte der Demjanjuk-Prozess ab in ein Aktenmeer.

Im Anschluss an die Befragung der Nebenkläger, die noch die Gerichtstermine im Dezember 2009 beanspruchte, begann im Januar 2010 die eigentliche Beweisaufnahme. Ein anfänglicher wichtiger Orientierungspunkt war die Aussage des Gutachters Professor Dr. Dieter Pohl, damals Abteilungsleiter am Münchner Institut für Zeitgeschichte. Wie bereits ausgeführt, darf man in der Bestellung eines deutschen NS-Experten eine Art historische Klammer sehen, die den Demjanjuk-Prozess mit früheren NSG-Verfahren verband. Die Kontinuität des juristischen Vorgehens war geradezu augenfällig. Allerdings machte Pohls Beitrag zum Prozess auch das Trennende zu den Verfahren in den 1960er und 1970er Jahren deutlich – nämlich den Abstand von 66 Jahren zwischen Tatzeitpunkt und Prozess.

Dieter Pohl war zum Zeitpunkt seiner Aussage 46 Jahre alt, also kein Vertreter der Erlebnisgeneration der Experten wie Hans Buchheim, Martin Broszat oder Wolfgang Scheffler. Er hatte für das Landgericht München II ein schriftliches Gutachten vorbereitet, dessen ersten Teil er am 12. Januar zunächst in einem etwa dreistündigen Monolog vortrug. Nach einleitenden Bemerkungen zu Grundsatzproblemen der Holocaust-Forschung konzentrierte sich Pohl vor allem auf den Völkermord im so genannten Generalgouvernement sowie auf Fakten, die ihm zum Vernichtungslager Sobibór wichtig schienen. Nachdem er einen Themenkomplex abgeschlossen hatte, gab es eine erste Möglichkeit der Befragung des Sachverständigen durch die Prozessparteien[4], doch ließen diese Pohl auch am folgenden Tag weitgehend ungestört vortragen, diesmal zu den Trawniki[5]. Erste Fragen der Richter und des Wahlverteidigers Busch kamen zwar bereits am ersten Tag, doch die eigentliche große Frage-Runde fand erst später statt, nämlich an den Sitzungstagen vom 16. bis zum 18. März 2010.

In ihrem Buch zum Demjanjuk-Prozess beschrieb Angelika Benz diese Stunden ausführlich. Bereits aus ihrer einleitenden Bemerkung geht eindeutig hervor, für wie problematisch sie die Kommunikationssituation

---

[4] Laut Logbuch-Eintrag vom 12.1.2010 fragten sowohl der Vorsitzende Richter, der Nebenklägeranwalt Prof. Nestler sowie der Verteidiger Busch am ersten Tag.
[5] Das dreiseitige Logbuch der Sitzung am 13.1.2010 vermerkt nur auf der letzten Seite eine Befragung.

hielt. So schilderte sie einen Dialog zwischen Pohl und Verteidiger Busch folgendermaßen:

„Er [Pohl] erklärt, dass Globocnik zwar formal dem Distriktgouverneur unterstellt, inoffiziell aber autonom gewesen sei. Verteidiger Busch fragt nach, ob Globocnik also nur für Lublin zuständig gewesen sei. Pohl bejaht – offiziell schon, inoffiziell hätten seine Befugnisse jedoch weiter gereicht."[6]

Benz führt diese Verständigungsprobleme auf unterschiedliche Denkansätze der Disziplinen zurück:

„Historiker und Juristen haben es schwer miteinander. Für Juristen sind Dokumente unwiderlegbare Beweise, Quellenkritik ist kaum durchsetzbar. Der Historiker setzt dagegen ein Bild aus vielen kleinen Einzelheiten zusammen, von denen sich manche durchaus widersprechen. Im besten Fall lassen sich die Widersprüche aufklären. […] Insgesamt bedeutet dies, dass alles im Kontext und in der Zusammenschau verschiedenster Quellen gelesen und gedeutet werden muss. Hier aber, vor Gericht, ist der Kontext kaum entscheidend. Ein Historiker aber kann unmöglich in wenigen Stunden ausreichend Erklärungen geben, um seine Bewertungen von Dokumenten, Ereignissen und Sachverhalten hinreichend und im Detail nachvollziehbar zu machen."

Um den Kontext dieser Reflexion zu verstehen, ist es hilfreich zu wissen, dass Benz selbst vom Gericht ein Angebot hatte, ein Gutachten zu verfassen, das sie jedoch ausschlug. Als Grund dafür gibt sie an, nicht bereit gewesen zu sein, sämtliche Dokumente dem Gericht zur Verfügung zu stellen, die sie für ihre Promotion zusammengetragen hatte. Nach der Schilderung der Auffassungsunterschiede zwischen den beiden Disziplinen gestand Benz, froh zu sein, das Angebot abgelehnt zu haben[7].

Die Kommunikationsschwierigkeiten zwischen dem Historiker Pohl und den Juristen im Gerichtssaal haben vielerlei Gründe. So hütete sich der Wissenschaftler, der bereits Erfahrungen als Gutachter in NS-Prozessen in Kanada und den USA gesammelt hatte[8], Suggestivfragen des Wahlverteidigers in einer Weise zu beantworten, die seinen Ruf hätten beschädigen können. In diesem Sinne bemühte er sich um Differenzierung und Exaktheit. Stellvertretend für weitere Dialoge sei hier auf eine Passage zurückgegriffen, die wir am 13. Januar 2010 notierten und die sich mit dem Status der Trawniki beschäftigt: „Laut RA Busch gehörten Trawniki zur Waffen-SS. Pohl sagt nein. – Busch: ‚Ein SS-Wachmann ist plötzlich Hilfspolizist. Das ist 'ne schöne Rechtsfindung.'"[9] Ähnliche Diskrepanzen in der Interpretation

---

[6] Benz, Henkersknecht, S. 119; das folgende Zitat findet sich ebenda, S. 127 f.
[7] Vgl. ebenda, S. 122.
[8] So die Angabe Pohls zu Beginn seiner Aussage am 12.1.2010.
[9] Logbuch-Eintrag vom 13.1.2010.

historischer Sachverhalte zeigte ein Dialog in der Sitzung am 17. März 2010, den wir im Logbuch folgendermaßen festhielten:

„[Busch] – Auf [dem] Dienstausweis des Demjanjuk ist ein Stempel der Waffen-SS? – Pohl: Daraus würde sich nicht automatisch eine Zuordnung zur Waffen-SS ergeben. Diese könne logistisch zuständig gewesen sein, eine Mitgliedschaft der Trawniki zur Waffen-SS könne er aber nicht erkennen."[10]

Andere grundsätzliche Differenzen gingen über das konkrete Thema Pohls hinaus, hatten aber hier ihre Wurzeln. So fragte Wahlverteidiger Busch den Sachverständigen bei dessen erstem Erscheinen vor Gericht nach dem Wert sowjetischer Ermittlungsakten. Laut unserem Logbuch antwortete Pohl, diese seien „vorsichtig zu beurteilen; die zweite Ermittlungswelle ab circa 1966 [sei aber] deutlich verbessert, detailgenauer, variierter als im Stalinismus, [und] kenntnisreicher von Seiten der Ermittler."[11] Zweck des Dialogs war weniger die Erschütterung des Gutachtens als die Bestätigung der Meinung des Fragenden: Busch wollte hören, dass sämtliche Dokumente russisch-sowjetischer Herkunft, die für das Verfahren benutzt wurden, Fälschungen des Geheimdienstes KGB seien – ein Vorwurf, der schon kurz nach den ersten Ermittlungen der US-Behörden gegen Demjanjuk laut geworden war[12].

Dass sich Pohl wiederholt vereinfachenden Ansichten verweigerte, bereitete aber nicht nur dem Rechtsbeistand des Angeklagten merklich Schwierigkeiten. Auch Nebenklägeranwälte zeigten sich außerhalb des Gerichtssaals unzufrieden. Für die Medien erwies es sich als extrem schwierig, eine Zusammenfassung des Gutachtens zu erstellen. Besonders komplexe Fragen wie die des Amtsträger-Status wurden in der Berichterstattung sogar ganz außen vor gelassen. Man konzentrierte sich stattdessen auf das Thema der Fluchtmöglichkeiten der Trawniki aus Sobibór. Hier bilanzierte die Deutsche Presse-Agentur zum Beispiel die Aussage mit der Formel, diese Frage habe Pohl „nicht eindeutig klären" können[13]. Diese Schlussfolgerung kann man nur als Verkürzung bezeichnen; sie wird den Aussagen Pohls nicht gerecht. Die „Süddeutsche Zeitung" erinnerte ihre Leser anlässlich der Aussage Pohls an das Grundproblem der Holocaust-Forschung, indem sie seine Darstellung der Quellenlage wiedergab: „Von den Akten sei heute

---

[10] Logbuch-Eintrag vom 17. 3. 2010.
[11] Logbuch-Eintrag vom 12. 1. 2010.
[12] Vgl. Bota/Kohlenberg/Wefing, Ivan, der Aufpasser, S. 14.
[13] Dpa-Meldung Nr. 649 vom 13. 1. 2010, 17:32:28 Uhr: „Im Demjanjuk-Prozess Streit um Chancen zur Flucht" (Sabine Dobel); Kopie im Besitz des Verfassers.

nur noch ein ‚Bruchteil' erhalten, Unterlagen über eventuelle Strafen gegen Trawniki gebe es ‚so gut wie nicht mehr'."[14]

Selten fanden die Medien Verständnis für die schwierige Kunst definitiver Aussagen auf dem Feld der Holocaust-Forschung. So begann die „Frankfurter Allgemeine Zeitung" einen Artikel über die – von Busch und Pohl weitgehend im Dialog gestaltete Sitzung am 16. März 2010 – mit dem Satz: „Der historische Sachverständige ist nicht zu beneiden"[15], was sich jedoch in erster Linie auf die Suggestivfragen des Verteidigers bezog. Der Artikel illustrierte indes ebenfalls die unterschiedlichen Denkweisen von Jus und Historia, indem er beispielhaft Pohls Antwort auf die Frage nach Krankheiten bei den Trawniki paraphrasierte:

„Ja, es gab unter den Trawniki auch Fälle von Fleckfieber. Doch daraus abzuleiten, dass die Listen [die Abkommandierung in ein Vernichtungslager] nie vollständig und somit nie aussagekräftig sein könnten, da ja immer ein Mann krank geworden und nicht verlegt worden sein könnte, dagegen verwehrt sich Pohl."

Dass im Fall Demjanjuk die Welt der Historiker auf die der Juristen prallte und sich beide zumindest aneinander rieben, wurde ein zweites Mal im Sommer 2010 deutlich. Zu diesem Zeitpunkt hatten die meisten Medien räumlich wie thematisch Abstand gewonnen von den Geschehnissen im Demjanjuk-Verfahren. Die Zuschauerbänke im Saal A 101 waren weitgehend leer. Als der amerikanische Militärhistoriker Professor Bruce Menning von der US-Militärakademie in Fort Leavenworth am 3. August 2010 in den Zeugenstand gerufen wurde, war das Medienecho daher sehr gering – aber inhaltlich umso bemerkenswerter. So brachte der Bayern-Korrespondent der „Frankfurter Allgemeinen Zeitung", Albert Schäffer, seine Eindrücke in bemerkenswert klaren Sätzen zu Papier:

„Beide Professionen, der Historiker und der Richter, sind um Wahrheit bemüht, doch ihre Perspektiven, ihre Maßstäbe und ihre Instrumente sind verschieden – und auch das Erkenntnisinteresse und der Erkenntnisdruck, dem sie unterworfen sind. [...] Der Richter muss zu einem Schuld- oder einem Freispruch gelangen. Dem Historiker sind vielfältige Nuancen dazwischen erlaubt, er kann urteilen, muss aber nicht verurteilen."

Über die äußeren Umstände der Verhandlung merkte Schäffer an, es könne „der trügerische Eindruck eines historischen Kolloquiums entstehen, in dem es um die Interpretation von Statistiken und die Einordnung von Gescheh-

---

[14] Süddeutsche Zeitung vom 14. 1. 2010: „Zuverlässiges Personal" (Alexander Krug).
[15] Frankfurter Allgemeine Zeitung vom 17. 3. 2010: „Die Last der Listen" (Karin Truscheit); das folgende Zitat findet sich ebenda.

nissen ging"¹⁶. Ähnlich äußerte sich wenige Tage später Robert Probst in der „Süddeutschen Zeitung": „Im Verhandlungsalltag fühlen sich Prozessbeobachter seit langem eher wie in einem historischen Seminar; Wissenschaftler sprechen über Frontverläufe, Statistiken, Dokumente und Archivbestände."¹⁷

Es brauchte also das Handwerkszeug von Historikern, ja die Justiz war auf die Geschichtswissenschaft angewiesen, um Jahrzehnte zurückliegendes Strafgeschehen aufzuklären. Sie erhielt aber keine klaren Antworten, weil der Kenntnisstand aufgrund der Aktenlage nicht den Erwartungen entsprechen konnte. Es erstaunt freilich, dass dies die Beobachter erst im Verlauf des Verfahrens bemerkten und auf ein solches Szenario nicht vorbereitet waren.

2. Zeugen der Anklage? Die Fragestunden des Verteidigers Busch

Die Momente, in denen der Hauptverteidiger, Dr. Ulrich Busch, in der 18-monatigen Hauptverhandlung erkennbare Vorteile für seinen Mandanten herausholen konnte, waren selten. Die wenigen Ausnahmen, bei denen Busch augenfällig die Pläne des Gerichts beeinflussen konnte, sollen aber nicht verschwiegen werden. So gab sich das Gericht gleich in den ersten Sitzungen eine Blöße, als es den niederländischen Historiker Johannes Houwink ten Cate als Sachverständigen vorlud, der an der Universität Amsterdam das „Zentrum für Holocaust und Genozid-Studien" leitet und in seinem Heimatland als bester Kenner der Geschichte des Holocaust in den Niederlanden gilt. Allerdings hatte Houwink ten Cate 2009 – vor seiner Bestellung als Sachverständiger – einem niederländischen Radiosender ein Interview zum Fall Demjanjuk gegeben, das auch die Aufmerksamkeit des Verteidigers gefunden hatte. Daher zitierte Ulrich Busch in der Sitzung vom 23. Februar 2010 unter anderem den Satz, es bestehe „nicht der Schatten eines Zweifels, dass Demjanjuk Komplize des Massenmordes war". Dies, sagte Busch resümierend, sei eine „extreme Vorverurteilung gegen den Angeklagten"¹⁸. Die Kammer konnte diese Ansicht nicht vom Tisch wischen, weil sie sich sonst einen Befangenheits-Vorwurf hätte gefallen lassen müssen.

---

[16] Frankfurter Allgemeine Zeitung vom 6.8.2010: „Die schwierige Suche nach einer lang zurückliegenden Wahrheit" (Albert Schäffer).
[17] Süddeutsche Zeitung vom 14./15.8.2010: „Mühsame Annäherung an die Wahrheit" (Robert Probst).
[18] Logbuch-Eintrag vom 23.2.2010.

Die Stellungnahme des Historikers im Vorfeld der Ladung übersehen zu haben, bedeutete einen beträchtlichen Gesichtsverlust für das Gericht und für die Verteidigung einen bemerkenswerten Punktgewinn.

Ein ähnlicher öffentlicher Triumph gelang Busch während des ganzen Prozesses nicht mehr. Informierte Beobachter erfuhren am Rande der Verhandlung aber, dass das Gericht – um einen zweiten Konflikt zu vermeiden – die geplante Ladung des amerikanischen Historikers Charles Sydnor fallen ließ, der ebenfalls eindeutige Stellungnahmen zur Tatbeteiligung Demjanjuks in den Vernichtungslagern abgegeben hatte[19].

An jenem 23. Februar 2010 wurde Houwink ten Cate nach einer Beratung der Kammer nur als Zeuge, nicht jedoch als Sachverständiger gehört. Seine Aussagen hatten damit weniger Gewicht, doch war sein Kompetenzgebiet – im Wesentlichen das Lager Westerbork, in das niederländische Juden nach Razzien verschleppt worden waren, sowie die Transporte von dort – für den Ausgang des Verfahrens weniger wichtig als die Expertisen der Fachkollegen Pohl und Menning. Die Befragung zur Echtheit der so genannten Westerbork-Listen und zu deren Aussagekraft hinsichtlich der Zahl der nach Sobibór deportierten Juden ging daher ohne Konflikte zu Ende. Bestes Indiz für die Nachrangigkeit der Zeugenaussage war das Verhalten des Verteidigers Busch: Er nutzte die Gelegenheit der Befragung von Houwink ten Cate nur kurz – und auch in seiner Erklärung nach Paragraph 257 zweifelte er nur in allgemeinen Formulierungen an der Aussage. In unserem Logbuch stand jedenfalls nur der lapidare Satz, Busch widerspreche der Zeugenvernehmung, weil man die Befundtatsachen nicht überprüfen könne[20]. Dies war aber bei genauerer Betrachtung kaum mehr als eine Leerformel.

Dieses Verhalten des Verteidigers kann im Rückblick umso mehr als atypisch bezeichnet werden, als Busch ansonsten im Dialog mit leibhaftigen Zeugen, die vor Gericht erschienen, um jeden kleinen Vorteil für seinen Mandanten kämpfte. Freilich gab es auch hier gewisse Variationen: Wenn es sich um Überlebende von Sobibór handelte wie Thomas Blatt und Philipp Bialowitz, befleißigte sich der Anwalt im Dialog noch eines gewissen Anstands, um Öffentlichkeit und Gericht nicht zu brüskieren. So kam er in der Vernehmung des 82-jährigen Blatt zwar deutlich auf einige Widersprüche in dessen Aussagen (aus den 1960er Jahren) zu sprechen, beließ es aber bei Blatts Eingeständnis, „sich nicht mehr genau erinnern zu können oder manche Sachen auch von anderen Ex-Häftlingen gehört, aber nicht selbst

---

[19] Vgl. Bourcier, Dernier procès, S. 278.
[20] Logbuch-Eintrag vom 23. 2. 2010.

erlebt zu haben. Woher solle er jetzt noch wissen was er bei einer Vernehmung vor fünfzig Jahren gesagt habe."[21]

Mäßigung bedeutete in diesen Momenten jedoch nicht, dass der Verteidiger in Gegenwart der Überlebenden von Sobibór auf zweifelhafte Opfervergleiche verzichtet hätte. Bereits am ersten Prozesstag erregte Busch Aufsehen mit Sätzen, in denen er das Schicksal der Trawniki auf eine Stufe stellte mit dem von Arbeitsjuden in den Konzentrationslagern[22]. Blatt reagierte bei seiner Aussage auf den Vergleich mit den Sätzen: „Ich bin das selber wie the man over there? Nur ein Idiot könnte das sagen."[23] Bei einer weiteren Gelegenheit (am 10. Februar 2010) scheute sich der Verteidiger auch nicht, ein Zitat aus einer offenkundig rassistischen Internet-Quelle („News for white people") vorzutragen. Erst als das Gericht nachfragte, nannte er die Internetadresse und erwiderte auf Vorhaltungen bezüglich der Quelle, „ihn interessiere nicht, woher das komme"[24].

Den echten Konfliktverteidiger Busch erlebte das Publikum an den Tagen, an denen der Ermittlungsrichter Thomas Walther (am 2. Februar 2010 und vom 9. bis zum 11. Februar 2010), der forensische Gutachter Larry Stewart (vom 8. bis zum 10. Juni 2010) und der ehemalige OSI-Berater Norman Moscowitz (am 30. Juni und am 1. Juli sowie am 25. Oktober 2010) vor Gericht erschienen. Wegen ihres konfrontativen Charakters waren diese Sitzungen aus Sicht des journalistischen Beobachters durchaus spannend und instruktiv. Busch versuchte bei diesen Gelegenheiten stets, die Schwächen der Anklage abzuklopfen und diese bloßzustellen – ohne Scheu vor der Konfrontation mit den anderen Prozessparteien einschließlich des Gerichtsvorsitzenden, der Busch vorhielt, er sei kurz davor, das Gericht zu beleidigen, um dann hinzuzufügen: „In seinen Anträgen bringe er Sachen durcheinander, die jeder Jurastudent gleich am Anfang lerne."[25] In der Tat zeigten diese „Krawall-Tage" Buschs Schwächen. Auf erfahrene Zeugen wie Walther, Stewart und Moscowitz machten seine Fragen und Vorwürfe wenig Eindruck. Sie blieben ruhig und sachlich, strahlten somit Souveränität aus und zeigten sich dem Verteidiger und seiner Strategie – kurz gesagt – gewachsen.

---

[21] Logbuch-Eintrag vom 20.1.2010.
[22] Logbuch-Eintrag vom 30.11.2009.
[23] Douglas, Ivan the Recumbent, S. 50.
[24] Benz, Henkersknecht, S. 91.
[25] Logbuch-Eintrag vom 9.2.2010.

3. Die Last der Dokumente – was sich aus Papier herauslesen lässt

Das Landgericht München ging insgesamt bei der Beweiserhebung sehr gründlich und sachlich vor. Doch zeigte der Demjanjuk-Prozess, dass die Fortschreibung tradierter Praktiken weniger Gewinn einbrachte als erhofft. So versuchte die Kammer zwar, sich auf Gutachten historischer und forensischer Experten zu stützen, stieß dabei aber auf die Schwierigkeit, anders als früher nicht mehr über belastbare Zeugen zum Sachverhalt zu verfügen, mit deren Hilfe sich das theoretische Gerüst auf den konkreten Fall hätte anwenden lassen. Weder Thomas Blatt noch Philipp Bialowitz oder Jules Schelvis waren bei ihren Einvernahmen in der Lage, Aussagen über John Demjanjuk zu treffen, die diesen als Individuum belasteten; den Zeugen fehlte die Erinnerung an den Angeklagten. „Ich kann mich nicht an das Gesicht meiner Mutter erinnern. Wie soll ich da erinnern Demjanjuk?", erklärte Blatt gegenüber dem Gericht[26]. Auch die Aussage von Alex Nagorny, einem ehemaligen Trawniki-Kameraden Demjanjuks, der mit diesem im KZ Flossenbürg gedient hatte, brachte praktisch keine neuen Erkenntnisse. Nagorny wollte keine Erinnerung an Berichte Demjanjuks über Sobibór haben und nicht einmal den Namen des Ortes kennen[27].

Diese Schwächen in der Beweiskette erklären höchstwahrscheinlich, weshalb sich das Gericht bemühte, immer intensiver den Gehalt schriftlicher Zeugnisse auszuloten und weitere Dokumente als Beweismittel zuzulassen. Die Abhängigkeit von der Aktenlage bedeutete zunächst, dass den Gutachten zur Echtheit des Dienstausweises und der Fotos des Angeklagten eine Schlüsselrolle zufiel. In jedem Fall war ihr Gewicht höher als bei früheren NSG-Verfahren – also kam auch den Sachverständigen extrem große Bedeutung zu.

Als erster kam am 13. April 2010 Reinhardt Altmann, ein pensionierter Bild-Sachverständiger des Bundeskriminalamts, nach München. Altmann erläuterte in der Sitzung seine Methodik, mit der er auf verschiedenen Fotos die Gesichtsform des Angeklagten untersucht habe, und erklärte, er schlussfolgere aus seiner Untersuchung, das Porträtfoto auf dem Dienstausweis sei mit sehr hoher Wahrscheinlichkeit ein Foto von John Demjanjuk. Der Sachverständige bezeichnete diese Wahrscheinlichkeitsstufe als die dritt-

---

[26] Logbuch-Eintrag vom 19. 1. 2010.
[27] Logbuch-Eintrag vom 24. 2. 2010; vgl. auch Frankfurter Allgemeine Zeitung vom 25. 2. 2010: „Er hatte einen Kameraden" (Karin Truscheit).

Die Last der Dokumente   85

höchste, die es in seiner Disziplin gebe[28]. Altmann teilte mit, er sei bereits für das erste israelische Gerichtsverfahren gegen Demjanjuk als Experte vernommen worden. Bei der Befragung durch den Wahlverteidiger Busch erklärte er, außer ihm gebe es nur einige wenige Anthropologen, die in der Lage seien, ein ähnliches Gutachten zu erstellen. Von Expertisen, die Busch ihm entgegen hielt, zeigte sich Altmann nicht überzeugt und meinte, er könne deren Schlussfolgerungen nicht teilen. Der Wahlverteidiger bemühte sich, Altmanns Aussage zu entwerten, indem er feststellte, das Gutachten sei im Ergebnis unbrauchbar. Gründe für diese Ansicht nannte er nicht – abermals handelte es sich also um eine juristische Leerformel.

Geradezu der Eckpfeiler der Anklage war nach allgemeinem Dafürhalten das Gutachten von Anton Dallmayer, einem Sachverständigen für Urkundentechnik beim Bayerischen Landeskriminalamt. Dallmayer trug seine Ergebnisse am 14. April 2010 vor. Er gründete seine Analyse auf einem Vergleich des Demjanjuk-Dokuments mit drei weiteren Trawniki-Ausweisen, wobei bei der Untersuchung ein Mikroskop, Infrarot-Licht und digitale Bildtechnik als Hilfsmittel verwendet wurden. Diese Methoden, die kleinste Merkmale bei den Druck- und Schrifttypen eines schriftlichen Dokuments zum Vorschein bringen, führten Dallmayer zu dem Schluss, dass die „Individualität" des Dienstausweises überragend sei und man ihn auch mit modernsten reprographischen Methoden nicht nachmachen, also fälschen, könne[29]. Dallmayers Expertise schloss sowohl den Ausweis als Formular wie auch dessen Bearbeitung, das heißt die Ausstellung auf Demjanjuks Namen ein. Er erklärte, die drei zum Vergleich herangezogenen Trawniki-Dienstausweise wiesen dieselben Merkmale auf wie der Ausweis, der für Demjanjuk ausgeschrieben wurde. Diese analogen Besonderheiten erläuterte der Sachverständige dem Gericht auch optisch mithilfe von Vergrößerungen am Overhead-Projektor.

Zum Formular waren Dallmayers Angaben relativ vage, weil das Fehlen eines Wasserzeichens auf dem Papier und eines Impressums keine genaueren Herkunftshinweise ermöglichten. Umso präziser äußerte er sich bezüglich der Schreibmaschine, mit der der Dienstausweis ausgefüllt wurde (Typ Olympia 12, Baujahr ab 1930, Herstellungsort Erfurt). Hinsichtlich des Fotos auf dem Ausweis, das irgendwann einmal herausgetrennt und danach wieder in das Dokument eingeklebt worden war, sah Dallmayer – anders als Busch – keine Anhaltspunkte für einen Austausch. Bilanzierend meinte der Gut-

---

[28] Logbuch-Eintrag vom 13. 4. 2010.
[29] Logbuch-Eintrag vom 14. 4. 2010.

achter, das umstrittene Dokument sei als authentisch zu bezeichnen. Diese Einschätzung präzisierte Dallmayer bei der Befragung durch den Vorsitzenden Richter mit dem bajuwarisierenden Satz: „Individueller geht's nimmer." Er sei sich sicher, dass die vier Ausweise, die er zum Vergleich vorgelegt bekommen habe, aus einer Hand stammten.

Wahlverteidiger Busch fokussierte bei seiner Befragung weitgehend auf die technischen Punkte. Der Sachverständige antwortete, ohne von seiner Ansicht abzugehen. Kommentare zu Gutachten zu geben, die laut Busch zu anderen Ergebnissen gekommen waren, lehnte er ab, weil er sie nicht kenne beziehungsweise deren Methodik nicht nachvollziehen könne. Interessant war, dass der Experte den Rang des Ausweises als Urkunde sehr niedrig einstufte und erklärte, es habe 1942/43 nahe gelegen, eine ortsansässige Druckerei mit dem Erstellen des Formulars zu beauftragen. Keineswegs habe ein Trawniki-Ausweis den Rang eines Identitäts-Nachweises erreicht[30].

Nachdem Dallmayer am Vormittag des 15. April 2010 als Zeuge entlassen worden war, kämpften Nebenklage und Wahlverteidiger noch mehrere Stunden um den Wert der Aussage. Zu Beginn der Sitzung am 20. April 2010 erklärte Busch in einer Stellungnahme, die gesamte Aussage sei bedeutungslos, denn der Experte habe nicht „de lege artis" gehandelt, und den gesamten Bereich der Fälschung oder Nachahmung in seinem Gutachten ausgeblendet[31]. Das (mysteriöse) Wiedereinkleben des Lichtbildes veranlasste Busch erneut zu der These, das Gericht sei dabei, einer Fälschung des sowjetischen Geheimdienstes KGB aufzusitzen. Sein Satz „unter dem Lichtbild verbergen sich Geheimnisse" hatte dabei geradezu poetische Qualität.

Über die Auftritte der beiden kriminaltechnischen Spezialisten berichteten die Medien überwiegend nachrichtlich, aber doch an sehr prominenter Stelle. Der Artikel der „Süddeutschen Zeitung" erschien etwa auf Seite sechs der Ausgabe vom 15. April 2010 und trug die Schlagzeile „Authentisches Dokument – Sachverständige bestätigen die Echtheit von Demjanjuks Dienstausweis für das Vernichtungslager Sobibor". Ein Ausschnitt-Foto des Dienstausweises verlieh dem Artikel auch optisch zusätzliches Gewicht. Einen der wichtigsten Sätze Dallmayers zitierte die Zeitung wörtlich: „So etwas kann man auch mit modernsten reprographischen Mitteln nicht wieder herstellen."[32] Die „Frankfurter Allgemeine Zeitung" druckte ihren Artikel auf Seite sechs ab, also im Hauptnachrichtenteil. Sie fasste die Gutachten Altmanns

---

[30] Ebenda.
[31] Logbuch-Eintrag vom 20. 4. 2010; das folgende Zitat findet sich ebenda.
[32] Süddeutsche Zeitung vom 15. 4. 2010: „Authentisches Dokument" (Alexander Krug).

und Dallmayers in einem Artikel zusammen und wies ausdrücklich darauf hin, das Landgericht sei „in besonderem Maße auf die Gutachten von Sachverständigen angewiesen, da es für den konkreten Tatvorwurf offenbar keine Augenzeugen mehr gibt"[33].

Die Berichte im Radio waren ebenfalls ausführlich. Wir boten der ARD zusammenfassende Beiträge am 14. April 2010 und am folgenden Tag an – in Kurz- und in Langfassungen. Dabei kamen Verteidiger wie Nebenklägeranwälte ausführlich zu Wort. So waren im Beitrag vom 15. April auch die Fälschungsvorwürfe von Ulrich Busch im O-Ton zu hören: „Wenn man drei falsche 100-Dollarnoten mit einer vierten falschen vergleichen will und dann sagt, die vierte sei echt, dann ist das ein Quantensprung, der mit der juristischen Logik nichts mehr zu tun hat."[34] Der Beitrag enthielt zudem die Einschätzung, dass die Gutachten das Verfahren, nach längerem scheinbarem Stillstand, nunmehr erheblich vorwärts brächten.

4. Allein mit den Akten – die Qual der „Lesestunden"

Zum Zeitpunkt der Anhörungen der Sachverständigen hatte das Demjanjuk-Verfahren noch nicht den Höhepunkt des medialen Desinteresses erreicht. Die eigentlich charakteristische Phase begann erst später mit der von einigen Prozessbeteiligten als „Lesestunden" bezeichneten Einführung von mehreren hundert Aktenstücken. Eine „Lesestunde" lief in der Regel so ab: Einer der Richter zitierte laut ein Schriftstück (oder wichtige Teile daraus), musste diesen Vortrag jedoch in regelmäßigen Abständen unterbrechen, weil die neben dem Angeklagten sitzende Ukrainisch-Dolmetscherin nicht mit dem Tempo des Verlesens Schritt halten konnte und ihr Gelegenheit gegeben werden musste, den Rückstand aufzuholen. In diesen Pausen bot sich zufällig hereinkommenden Besuchern des Prozesses das bizarre Bild, dass alle Beteiligten minutenlang einer jungen Frau lauschten, die halblaut in einer fremden Sprache aus einer vor ihr liegenden Akte übersetzte, während Richter, Anwälte, Justizbeamte und Zuhörer wortlos warteten oder leise miteinander tuschelten. Hatte die Dolmetscherin die Stelle erreicht, an der der Richter die Verlesung unterbrochen hatte, so fuhr dieser fort, und das Wechselspiel Vortrag – Übersetzung begann erneut. Nach Ende der Einführung eines Dokuments folgte die „Inaugenscheinnahme". Das bedeutete,

---

[33] Frankfurter Allgemeine Zeitung vom 17.4.2010: „Demjanjuk bricht sein Schweigen" (Karin Truscheit).
[34] Rainer Volk, ARD-Sammelangebot vom 15.4.2010 (Langfassung); Skript im Besitz des Verfassers.

der Saal wurde abgedunkelt, und ein Justizbeamter legte das Dokument kurz auf einen Overheadprojektor, damit es alle sehen konnten.

Robert Probst schilderte dieses Procedere in der „Süddeutschen Zeitung" zum Jahrestag der Aufnahme der Verhandlung eingehend und beendete die Passage mit den Sätzen:

„Mühsam unterdrücken einige Anwesende ein Gähnen. So vergehen die Tage. Einen spektakulären Prozess gegen einen der bekanntesten, noch lebenden mutmaßlichen Helfer des Holocaust stellt man sich anders vor."[35]

Das Befremden der Medien über die gleichförmige Sitzungsroutine äußerte sich mehrfach in Beschreibungen dieser Urkundenverlesungen: „Reine Routine, niemand sieht hin."[36] Der Schriftsteller und Publizist Lukas Hammerstein, ein studierter Jurist, erkannte zu einem sehr frühen Zeitpunkt den wohlmeinenden und doch unbefriedigenden Schleichgang der Justiz, indem er schrieb:

„Hier waltet eine Instanz, die alles in sich aufgenommen hat, was wir über den Holocaust und seine Aufarbeitung zu wissen glauben: die Dimension der Verbrechen, die elende Justiz der Nachkriegsjahre, den Schock der Auschwitzprozesse, die verdrängte deutsche Schuld, die Rückkehr zur Normalität nach 1989."[37]

Die Schwächen des Materials der Staatsanwaltschaft und das ebenso zeitintensive wie gründliche Vorgehen der Kammer spielten dem Verteidiger Busch in die Hände. Um ihm keinen Revisionsgrund zu liefern, erhielt er jede ihm billigerweise zuzustehende Möglichkeit, Einwände vorzutragen. Im Zweifelsfall ließ die Kammer auch Wiederholungen bereits gehörter Argumente zu, was dazu führte, dass der Ertrag mancher Sitzung (einschließlich Übersetzung und Stellungnahme von Busch) kaum messbar war. Mitunter ging ein Streit auch um die Frage, ob noch einige Sätze mehr aus einem Dokument vorgelesen werden sollten, zum Beispiel bei der Einführung der Aussagen des in der Sowjetunion verurteilten Trawniki Ignat Daniltschenko[38]. Unter diesen Querelen vergingen für die Beweisaufnahme insgesamt 74 Verhandlungstage. Diejenigen, die diesem quälenden Ritual die ganze Zeit über folgten, nannte Hammerstein in seiner frühen Zwischenbilanz „Besessene, […] die Visitenkarten tauschen und sich herzlich begrüßen, wenn

---

[35] Süddeutsche Zeitung vom 29.11.2010: „Ruhendes Verfahren".
[36] Z.B. Münchner Merkur vom 27.11.2010: „Der Angeklagte auf dem Liegebett" (Dirk Walter).
[37] Die Zeit vom 11.2.2010: „Das sentimentale Gericht".
[38] Vgl. Benz, Henkersknecht, S.175 f.

sie wieder zusammenkommen, die über die Artikel reden, die der eine oder andere geschrieben hat."[39]

Vielleicht wäre es treffender gewesen, hätte er von einer geradezu morbiden Faszination gesprochen, die das Geschehen ausübte oder von einer allmählichen, unentrinnbaren „Verstrickung" aller Anwesenden, wie es der niederländische Kollege Wim Bouvink, Kolumnist der Tageszeitung „De Trouw", in einem Interview formulierte: „Ich empfinde den ganzen Prozess als große Verstrickung – und ich bin jetzt Teil davon geworden. [...] Wir drehen uns über Monate im Kreis und kommen überhaupt nicht weiter."[40] Wer begonnen hatte, der Verhandlung zu folgen, kam immer wieder in der Hoffnung, auch Plädoyer und Urteil zu erleben und sich so für die Langeweile der Verhandlung zu belohnen. Über Wochen und Monate wurde im Fall Demjanjuk auf diese Weise Rechtsfindung betrieben. Die „Westerbork-Listen" des zweiten Verhandlungstags waren nur ein Vorgeschmack. Diese Aktenstücke verlas die Kammer am 25. Februar 2010[41]. Danach folgten die Termine mit geladenen Sachverständigen und Zeugen. Die eigentlichen „Lesestunden" vollzogen sich nach den Vernehmungen der Experten Altmann und Dallmayer im Frühling sowie im Anschluss an die Aussage des Militärhistorikers Menning im Herbst 2010.

5. Der vergessene Prozess

Bertolt Brecht hat in seinem Gedicht „Wahrnehmung", das sich auf den Aufbau der DDR bezog, das Bild von den „Mühen der Ebenen" geprägt. Es wird oft zitiert und passt auch auf den Demjanjuk-Prozess: Je weniger Fortschritte bei der Beweiserhebung sichtbar waren, desto schwieriger wurde es für die Berichterstatter, sich Gehör zu verschaffen. Nach der Hektik und dem Reporter-Stress der ersten Tage ließ im Spätwinter und Frühjahr 2010 das öffentliche Interesse stetig nach. Im Gerichtssaal zeigte sich diese Entwicklung an den Zuschauerzahlen. Es gab Tage, an denen nur ein bis zwei Dutzend Zuhörer der Verhandlung folgten.

Hinsichtlich der Berichterstattung ist der Befund leicht an der stetig sinkenden Zahl der Beiträge und Artikel festzumachen. In meiner Statistik über die Berichte, die ich für den BR und die ARD angefertigt habe, war zum Beispiel zwischen August und November 2010 kein einziger Beitrag

---

[39] Die Zeit vom 11. 2. 2010: „Das sentimentale Gericht".
[40] Rainer Volk, Skript des Radiobeitrags „ARD-Angebot 1 Jahr Demjanjuk-Prozess" vom 29. 11. 2010; Original im Besitz des Verfassers.
[41] Logbuch-Eintrag vom 25. 2. 2010.

Abb. 3: *Rainer Volk (rechts) im Gespräch mit Staatsanwalt Hans-Joachim Lutz und Rechtsanwalt Rolf Kleidermann; links im Bild: Demjanjuks Wahlverteidiger Ulrich Busch (Photo: Thomas Hauzenberger)*

verzeichnet[42]. Das heißt, obwohl in drei Monaten an insgesamt 14 Terminen Verhandlungen angesetzt waren und Reporter vor Ort den Fortgang beobachteten, zeigten die Redaktionen kein Interesse an einer Berichterstattung. Den Reportern der Printmedien und der Nachrichtenagenturen widerfuhr Ähnliches: Auch hier fanden sich in der Zeitungsdatenbank „Sphinx" im Zeitraum von September bis Ende November nur noch 29 Artikel oder Meldungen, in denen der Name Demjanjuk erwähnt wurde; mit dem Prozessgeschehen befassten sich aber nur zwölf Medienbeiträge, die sämtlich kurz vor dem Jahrestag der Prozesseröffnung, dem 30. November 2010, verfasst wurden. Dieser Anlass bot die Gelegenheit, den fast vergessenen Prozess wieder aus der Versenkung zu holen. Was im September und Oktober 2010 im Gerichtssaal geschah, darüber wurde aktuell von den Kollegen nicht berichtet[43].

---

[42] Die Erhebung beruht auf einer kontinuierlich geführten „Sendestatistik" des Verfassers.
[43] Die Recherche in der „Sphinx"-Datenbank erfolgte am 10.4.2012; das Stichwort bei der Suche lautete lediglich „Demjanjuk".

Der vergessene Prozess 91

Wenn die eigene Statistik Maßstab sein soll für den generellen Stellenwert, der dem Demjanjuk-Prozess beigemessen wurde, so muss insgesamt das zweite Halbjahr 2010 als schwächste Periode des Medieninteresses bezeichnet werden. Über den gesamten Zeitraum hinweg fragten die Redaktionen nur sechs Beiträge nach. Würde man eine graphische Darstellung der Beitragsverteilung über die Dauer der gesamten Hauptverhandlung erstellen, so ergäbe sich vermutlich eine Art umgekehrte Sinuskurve. Von mehrmals täglich notwendigen Updates schlug die Aufmerksamkeit um in Übersättigung und Desinteresse. Die Redaktionen glaubten offensichtlich, das Publikum könne das Thema nicht mehr hören. Erst gegen Ende der Verhandlung flammte die Themenkonjunktur wieder auf.

Die Frage, ob dieser Befund mit mangelnder Kompetenz in der Berichterstattung zu erklären ist, ob es den Reportern nicht gelang, die Relevanz der Ereignisse darzustellen, liegt nahe. Mir scheint allerdings, dass die Berichterstattungs-Kurve bei näherer Betrachtung mit anderen Faktoren zu erklären ist. So waren die Vorgeschichte der Verhandlung, die Jahrzehnte dauernden Ermittlungen und die vorausgegangenen Prozesse ebenso gut bekannt wie die wichtigsten Aussagen, die den Angeklagten belasteten. Bedingt durch die Vernetzung der Nachrichtensysteme wurde die internationale Öffentlichkeit also sehr frühzeitig über das Wesentliche informiert. Einige Journalisten hatten wichtige Dokumente bereits eingesehen oder zumindest deren Essenz erfahren, ehe John Demjanjuk überhaupt deutschen Boden betrat. Selbst einzelne Sätze aus den Akten wie etwa die Aussage von Ignat Daniltschenko, Demjanjuk sei ein erfahrener und effizienter Wachmann gewesen und habe in Sobibór täglich Juden in die Gaskammern getrieben, standen bereits Monate vor ihrer Verlesung in den Medien zu lesen[44].

Interessierte Journalisten (und damit auch: interessierte Leser) kannten also die komplizierte Beweislage sehr gut und wussten, dass die Herkunft wichtiger Glieder der Kette mitunter in Zweifel gezogen worden war. In diesem Zusammenhang sei auf das sehr ausführliche Dossier der „Zeit" verwiesen, das im Juli 2009 die gesamte Historie der Anklage bilanzierte und den selektiven Umgang der amerikanischen Behörden mit dem Beweismaterial erwähnte. Über die Auffälligkeiten am wichtigsten Beweisstück, dem Dienstausweis Demjanjuks, war zu lesen: „Das Foto ist neu eingeklebt, die SS-Runen sind mit der Hand eingetragen, Demjanjuks angegebene Körpergröße stimmt nicht."[45]

---

[44] Vgl. Der Spiegel vom 16.3.2009: „Mord nach Vorschrift".
[45] Bota/Kohlenberg/Wefing, Ivan, der Aufpasser, S. 15.

Wichtiger aber für das Abflauen des Medieninteresses war, dass auf die dramatische Auftaktphase kein allgemein fassbarer Prozessfortschritt folgte. Die Spannungsarmut der „Lesestunden" bei Gericht sorgte dafür, dass das öffentliche Interesse nachließ, denn auf die Realität eines Dokumentenverfahrens waren weder das Publikum noch die Journalisten vorbereitet. So resümierte die „Frankfurter Allgemeine Zeitung" unter der Schlagzeile „Zeugen aus Papier fressen Zeit" zum ersten Jahrestag des Verhandlungsbeginns:

„In einem Prozess, der ohne Augenzeugen für den unmittelbaren Tatvorwurf [...] auskommen muss, ist die Einführung von Dokumenten wesentlicher Schwerpunkt der Beweisaufnahme. So wurden auch diese Woche Sterbeurkunden von Zeugen verlesen, um anschließend aus deren Vernehmungsprotokollen zitieren zu können. [...] Die Aussagen sind im Zusammenhang mit historischen Gutachtern aus der Anfangszeit des Prozesses zu sehen."[46]

Das deutete an: Die Beweisaufnahme versuchte, Zusammenhänge zwischen einzelnen Aussagen und Aktenstücken herzustellen und diese zu einer Art „historischem Puzzle" zu verbinden, um die Frage von Schuld oder Unschuld des Angeklagten beantworten zu können.

Dieses Vorgehen ähnelte über lange Strecken wenig den Strafprozessen, die man aus dem Fernsehen kennt. Im Prinzip befragte die Justiz im Fall Demjanjuk totes Papier, und das war nur schwer darstellbar. So gesehen war es ein Indiz für den Willen der Medien zur kontinuierlichen Berichterstattung, dass die Reporter auch in dieser Phase den Demjanjuk-Prozess nicht ganz aufgaben, sondern immer wieder Sitzungen verfolgten und Eindrücke sammelten. Auf diese Art gelang – über die gesamte Zeitspanne betrachtet – eine Berichterstattung, die doch eine gewisse Kontinuität vermittelte. Dies galt vor allem für die Beiträge der „Süddeutschen Zeitung", der „Frankfurter Allgemeinen Zeitung" und – mit Einschränkungen – des „Spiegel", deren Gerichtsreporterin, Gisela Friedrichsen, immer wieder zu den Terminen erschien oder sich über den Fortgang unterrichten ließ. Trotz der Besonderheiten der aktuellen Radioberichterstattung und ungeachtet der Befangenheit in eigener Sache würde ich auch die Beiträge des ARD-Hörfunks in die Kategorie „verlässlich und dauerhaft informativ" einordnen. Unsere Versuche, dem Hörer einen Gesamteindruck zu vermitteln, äußerten sich nicht nur in einer Zwischenbilanz, die in der „Bayernchronik" ausge-

---

[46] Frankfurter Allgemeine Zeitung vom 10.12.2010: „Zeugen aus Papier fressen Zeit" (Karin Truscheit).

strahlt wurde[47], sondern auch in einem einstündigen Radio-Feature, das der BR, der Deutschlandfunk und der WDR sendeten[48].

Leser, Zuhörer und Zuschauer konnten angesichts der immer seltener werdenden Berichte jedoch den Eindruck gewinnen, dass der Prozess nach den Anfangstagen des Hauptverfahrens mit den großen Schlagzeilen nun kaum mehr interessant sei. Zudem wurde der eigentliche Kern rechtsstaatlicher Gerichtsverhandlungen zum Ziel ironischer Bemerkungen. So betitelte der „Zeit"-Redakteur Heinrich Wefing ein Kapitel seines Buches – Bernhard Schlink parodierend – mit „Die Vorleser" und schrieb dazu: „Der Prozess, der so spektakulär begonnen hatte, war aus dem Bewusstsein der Öffentlichkeit verschwunden. Ungezählte Verhandlungstage vergingen mit der Verlesung von Dokumente [sic!], Tausende Seiten lang."[49] In Wirklichkeit handelte es sich um einen gedanklichen Fehler. Wefings Bilanz – „während Demjanjuk schweigt [...] wird es Herbst, Winter und wieder Frühling. [...] der Bundespräsident tritt zurück, die Republik streitet über die Thesen von Thilo Sarrazin und einen neuen Bahnhof in Stuttgart, in Arabien stürzen die Diktatoren. Und in München werden Urkunden verlesen" – führte sein eigenes Anfangs-Pathos ad absurdum und übersah die Charakteristik eines Dokumentenprozesses. Zwar schrieb man für den Demjanjuk-Prozess zunächst eine historische Aura teilweise herbei, hatte aber dann keine Medienstrategie, als sich die Aufmerksamkeit rasch abnutzte. Die 1. Strafkammer des Landgerichts München II hatte nach Lage der Beweise keine andere Möglichkeit, als sich den Weg durch die Aktenberge zu bahnen.

---

[47] Bayern 2, 14.8.2010; Manuskript im Besitz des Verfassers.
[48] Tim Aßmann/Rainer Volk, „Ein alter Mann und seine Schuld", Erstausstrahlung im BR in der Sendereihe „RadioFeature" am 12.6.2010.
[49] Wefing, Fall Demjanjuk, S. 163; das folgende Zitat findet sich ebenda, S. 167.

VI. Plädoyers und Urteil – die finale Verwirrung

1. Zeitspiel – aus den Tiefen der Ebene zum Ende

Für die Berichterstattung über den Demjanjuk-Prozess hatte ich mich im Spätsommer 2009 freiwillig gemeldet, obwohl es für einen fest angestellten Redakteur der ARD eher ungewöhnlich ist, langfristig Reporteraufgaben zu übernehmen. Mir schien das Verfahren zeithistorisch interessant, auch wenn niemand wusste, wie lange es sich hinziehen würde. Allerdings gab es später auch Tage, an denen ich die Freiwilligkeit bereute. Vor allem während der Beweisaufnahme, als scheinbar nichts vorwärts ging im Gerichtssaal. Andererseits war das Geschehen auch faszinierend: Das stete Kräftemessen zwischen Anklage, Richterbank und Verteidigung, die Prozessführung, die juristische Anwendung der Täterforschung zum Holocaust. Ein Neugier-Faktor mag auch das Gerichtsgebäude als solches gewesen sein. Der neue Münchner Justizpalast, eine grau-grüne Betonburg aus den 1970er Jahren, bot jeden Tag ein Kaleidoskop unserer Gesellschaft. Es genügte, sich still diejenigen anzuschauen, die morgens an der Sicherheitsschleuse standen. Wer war als Zeuge geladen, wer kam als Beschuldigter? Wenn nur ein Ende absehbar gewesen wäre! Anfangs hatte das Gericht nur bis Mai 2010 geplant. Danach begannen die Verlängerungen: Diese Verhandlungstage wurden durch Gerichtsmitteilungen bekannt gegeben: am 3. März und am 24. November 2010, am 3. Februar 2011 und am 18. März 2011[1]. Obwohl Strafprozesse immer wieder Unwägbarkeiten mit sich bringen, war dies doch eher ungewöhnlich – und das umso mehr, als die Ungewissheit sogar bis zum letzten Prozesstag anhielt. Denn erst am Mittag des 12. Mai 2011 war allen klar, dass sie an diesem Tag auch das Urteil hören würden.

Bis zuletzt hoffte ich mit anderen Zuhörern und Prozessbeteiligten, den einen historischen Augenblick zu erleben, wenn John Demjanjuk sein Schweigen brechen und berichten würde, was sich ereignet hatte nach seiner Gefangennahme durch die Wehrmacht im Frühjahr 1942. Dieses Warten auf den plötzlichen, erläuternden Monolog des Angeklagten war ein wichtiges Motiv, weshalb ich kaum einen Verhandlungstag in diesem Prozess versäumte. Denn die Aussage eines Trawniki zu seinen Handlungsspielräu-

---

[1] Die entsprechenden Schreiben des Oberlandesgerichts München befinden sich im Besitz des Verfassers.

Zeitspiel – aus den Tiefen der Ebene zum Ende   95

men, seinen Motiven, Ängsten und Absichten wäre ein Novum gewesen – und ein Fortschritt. Zu hören bekamen wir in dieser Hinsicht jedoch nur wenige vage Sätze, die das Gericht dem Zeugen Nagorny bei der Vernehmung entlocken konnte. Gegen diesen lief zu diesem Zeitpunkt ein Vorermittlungsverfahren, sodass er sich nicht selbst belasten wollte. Unser Logbuch hielt deshalb nur Sätze fest wie:

„Er habe ums Lager gestanden mit einem Karabiner, aber ohne Munition. Es hätte niemand versucht zu fliehen. Einer der es vorgehabt hätte, sei von den Deutschen aufgehängt worden. Es gab Arbeiter aus Polen, der Ukraine, ,aus der ganzen Welt'. [...] Sie hätten 12 Stunden pro Tag arbeiten müssen, und manche seien gestorben, die Arbeiter hätten meist nur Wasser bekommen und die Wachleute gekochte Schildkröten."[2]

In meinem Radiobericht zu seinem Auftritt vor der Strafkammer schrieb ich unter anderem, Nagorny habe sich erst auf beharrliches Nachfragen an Ereignisse und Orte erinnert, und seine Aussage habe „diverse Ungereimtheiten" enthalten[3]. Die Hoffnung, mehr über die Trawniki zu erfahren, zerschlugen sich erst am 12. Mai 2011, als Demjanjuk die letzte Möglichkeit ungenutzt verstreichen ließ.

Es war nicht übertrieben, für den Sommer und Herbst 2010 von einer zeitweiligen Agonie des juristischen Geschehens zu sprechen oder, wie die „Süddeutsche Zeitung" noch im Februar 2011, von einem „schleppenden Prozess"[4]. Hauptursache dafür war sicherlich das Verhalten des Wahlverteidigers. Es sei wie ein Ritual, schrieb Robert Probst kritisch-distanziert:

„Zu Beginn der Verhandlung meldet sich stets Ulrich Busch zu Wort und stellt Beweisanträge, gern im Dutzend. Regelmäßig lehnt er die Berufsrichter wegen der Besorgnis der Befangenheit ab. Auch gegen Zeugen und Sachverständige hat er meist wortreich Einwände vorzubringen."

Die Mittel der Kammer, sich dagegen zu wehren, waren begrenzt. So nahm das Gericht jeden formgerecht gestellten Antrag bis zum Ende der Beweisaufnahme entgegen. Jede Ablehnung eines Verteidiger-Papiers bedurfte einer Begründung. Gerade gegen Ende der Beweisaufnahme nutzten Busch und sein Mandant die ihnen zur Verfügung stehenden Mittel voll aus.

Ein Musterbeispiel dafür war die Sitzung am 22. Februar 2011, für die das Gericht eigentlich den Beginn der Plädoyers angesetzt hatte. Wir hatten

---
[2] Logbuch-Eintrag vom 24. 2. 2010.
[3] Rainer Volk, ARD-Angebot, Tageszusammenfassung vom 24. 2. 2010; Skript im Besitz des Verfassers.
[4] Süddeutsche Zeitung vom 21. 2. 2011: „Schleppender Prozess" (Robert Probst); das folgende Zitat findet sich ebenda.

entsprechende vertrauliche Äußerungen aus den Kreisen der Justiz erhalten; zudem waren die Sicherheits- und Presseverfügungen vom November 2009 am 16. Februar 2011 offiziell wieder in Kraft gesetzt worden – was wir als Zeichen deuteten[5]. Diese Erwartungshaltung sorgte erstmals seit Monaten wieder dafür, dass der gesamte untere Zuschauerbereich des Saales voll besetzt war. Die Gegen-Inszenierung des Angeklagten begann damit, dass er sich beim Eintreffen im Gerichtssaal ein etwa DIN-A 4 großes Schild mit der Zahl 1627 vor die Brust hielt. Diese Zahl bezog sich auf eine angebliche Akten-Nummer in einem Moskauer Archiv, unter der – wie sein Verteidiger zuvor reklamiert hatte[6] – die gesamte Fälschungs-Historie gegen Demjanjuk festgehalten sei. Nach der Eröffnung der Sitzung verlas Busch eine „Dritte Erklärung von John Demjanjuk in Deutschland", ein 45 Zeilen umfassendes Anschuldigungsschreiben, das einen großen historischen Bogen von den Hungersnöten in der Ukraine zur Stalinzeit bis zum Prozess in München schlug und die Theorie einer Verfolgung des Angeklagten verfocht. Der deutschen Justiz warf Demjanjuk vor, sie wolle „meine Würde, meine Seele, meinen Geist und [...] mein Leben auslöschen". Er forderte, die Herausgabe der inkriminierten Akte von den Behörden Russlands zu verlangen, und endete mit der Drohung, binnen zwei Wochen in den Hungerstreik zu treten[7].

Das bemerkenswerteste Faktum an diesem „Gesamtkunstwerk" der Verteidigung bestand jedoch in einem massiven Anlauf, die Zeitplanung des Gerichts vollkommen über den Haufen zu werfen. So begann Ulrich Busch nach der Erklärung, weitere Beweisanträge zu stellen. Anders als in den bisherigen 16 Monaten zuvor zog sich diese Prozedur über den gesamten Prozesstag. Erst als der Staatsanwalt am Nachmittag den Verdacht der Prozessverschleppung äußerte und der Vorsitzende Richter Busch fragte, wie viel Zeit er noch benötige, zeigte sich in der Antwort („morgen und voraussichtlich noch zwei Tage")[8] der volle Umfang des Manövers.

Am folgenden Tag durfte der Verteidiger tatsächlich weiter Anträge vortragen. Mir gegenüber bekundete Busch in einem Gespräch am 23. Februar 2011 sein Erstaunen darüber, dass das Gericht sein Vorgehen bis dahin toleriert habe. Er tue nur seine Pflicht und trage solange vor, „bis er gestoppt

---

[5] Schreiben des Landgerichts München II vom 16.2.2011; Kopie im Besitz des Verfassers.
[6] Vgl. etwa den Logbuch-Eintrag vom 11.1.2011.
[7] Das Schreiben ist im Original in englischer Sprache abgefasst und liegt dem Verfasser als Kopie (mit der Unterschrift Demjanjuks) vor.
[8] Schilderung und Zitat nach dem Logbuch-Eintrag vom 22.2.2011.

Zeitspiel – aus den Tiefen der Ebene zum Ende 97

wird, sein gestriger Auftritt war Reaktion auf Ankündigung des Plädoyers"[9].
Mit anderen Worten: Sinn des Vorgehens war die Provokation des Gerichts
und der anderen Prozessbeteiligten – nicht aber ein Sachzwang. Die Medien
zeigten sich vom Vorgehen der Verteidigung stark beeindruckt. In den
Meldungen der Nachrichtenagenturen am 22. Februar 2011 und in den
Zeitungsartikeln des folgenden Tages wurde die Hungerstreik-Drohung in
den Überschriften erwähnt: dpa umschrieb den massiven Angriff auf die
Gerichtsplanungen mit dem Satz, Demjanjuk fahre „noch einmal alle Geschütze auf"[10]; die „Süddeutsche" wies auf das eigentlich geplante Ende der
Beweisaufnahme hin und resümierte die prozesstaktischen Aspekte mit den
Sätzen: „Dem kam Busch zuvor, indem er über Stunden zahlreiche weitere
Beweisanträge stellte. Bis zum Ende des Tages waren es mehr als 70."[11]
In meinen eigenen Prozessberichten sprach ich von einer „Eskalation der
Prozess-Strategie durch die Verteidigung" (ARD-Kurzbeitrag) und von
einem „Spektakel" (ARD-Langbeitrag)[12]. Die Wortwahl deutete eine gewisse
Ohnmacht an angesichts einer drohenden weiteren Verzögerung des Prozessgeschehens. Sicherlich war für keinen der Beobachter abzuschätzen, wie
das Landgericht auf den Vorstoß reagieren würde und ob eventuell weitere
Wochen mit Verhandlungsterminen bevorstanden.

Der 1. März 2011 zeigte jedoch, dass eine Eskalation und Zuspitzung der
Prozessdynamik nicht nur von Seiten der Verteidigung möglich war. Statt
den Verteidiger weitere Anträge vortragen zu lassen, verlas die Kammer an
diesem Prozesstag über mehrere Stunden Vernehmungsprotokolle ehemaliger Trawniki-Männer – das heißt, es setzte die Beweisaufnahme mit der
Einführung weiterer Dokumente fort[13]. Erst am Nachmittag fragte der Vorsitzende Richter den Verteidiger Busch nach seinem Zeitbedarf für weitere
Beweisanträge. Auf dessen Antwort, er benötige noch zwei Prozesstage und
habe weitere Papiere in Vorbereitung, verkündete das Landgericht nach
Beratung einen Beschluss, von nun an müsse Busch seine Anträge schriftlich
vorlegen; es bestehe der Verdacht auf Prozessverschleppung. Die Begründung, die wir in unserem Logbuch festhielten, lautete:

---

[9] Logbuch-Eintrag vom 23.2.2011.
[10] Dpa-Meldung vom 22.2.2011, 17:13 Uhr: „Demjanjuk droht mit Hungerstreik"
(Sabine Dobel).
[11] Süddeutsche Zeitung vom 23.2.2011: „Demjanjuk droht mit Hungerstreik" (Robert
Probst).
[12] ARD-Sammelangebote vom 22.2.2011; die Original-Skripte befinden sich im Besitz
des Verfassers.
[13] Nach dem Logbuch-Eintrag vom 1.3.2011 dauerte die Verlesung von 10.30 Uhr
bis gegen 15.30 Uhr; das folgende Zitat findet sich im selben Logbuch-Eintrag.

98 Plädoyers und Urteil – die finale Verwirrung

„Busch hat an nahezu jedem Prozesstag Anträge gestellt, die inhaltlich häufig Wiederholungen darstellten [...]; Busch hat Erklärung abgegeben, dass er noch zwei Hauptverhandlungs-Tage braucht; die schriftliche Form ist zur Prozessbeschleunigung nötig; Beweisthemen und -führung von B. sind unstrukturiert."

Vom Gericht aufgefordert und nach längerem Zögern übergab der Verteidiger daraufhin insgesamt 180 weitere schriftliche Anträge. Die „Frankfurter Allgemeine Zeitung" schrieb zwar in einem bilanzierenden Artikel pessimistisch, dieser Schachzug habe der Kammer „auch nicht viel genützt", weil sie diese Anträge nun auch mündlich (gekürzt) vortragen und über sie befinden müsse[14]. Doch stellte sich heraus: Das Gericht benötigte nur zwei Prozesstage, um die 200 Anträge der Verteidigung (von insgesamt über 400 im Lauf des gesamten Verfahrens) zu behandeln. In einem 13 Seiten umfassenden Beschluss, der auf den 17. März 2011 datiert war, wies die Kammer fast sämtliche Beweisanträge zurück – summarisch in Ziffern nach Gründen der Ablehnung geordnet[15].

Der Reporter der „Süddeutschen Zeitung" bezeichnete die Reaktion des Verteidigers als „konsterniert", um die merkliche Unduldsamkeit des Gerichts an einem weiteren Beispiel zu beschreiben: „Den Wunsch von Busch, den Ablehnungsbeschluss drei Wochen lang prüfen zu dürfen und seine Schriftsätze gegebenenfalls nachzubessern, lehnte das Gericht ebenfalls ab" und begründete seine Ablehnung mit dem Halbsatz, der Schluss der Beweisaufnahme solle „hinausgeschoben werden"[16].

Als Beobachter konnte man sich in diesen Augenblicken kaum des Eindrucks erwehren, dass der Verteidiger damit den Preis zahlte für seine Strategie, das Gericht mit Anträgen zu überfluten. Möglicherweise wäre ein früherer Versuch, mit weniger, aber dafür genauer bezeichneten Einwänden weitere Beweismittel in die Akten aufzunehmen, erfolgreicher gewesen. Anfang März 2011 war jedoch sicher auch bei den Pressevertretern der Moment des Überdrusses erreicht. Kein Dauerbeobachter konnte Buschs ständigen Standortwechsel mehr nachvollziehen. Lawrence Douglas fühlte sich an die Freudsche Anekdote vom Teekessel erinnert, der angeblich unbeschädigt zurückgegeben wurde, dann zuvor bereits Löcher enthalten habe und schließlich nie ausgeliehen worden sei, und nannte die gesamte

---

[14] Frankfurter Allgemeine Zeitung vom 7.3.2011: „Beweisanträge ohne Ende" (Karin Truscheit).
[15] Beschluss des Landgerichts München II vom 17.3.2011; Kopie im Besitz des Verfassers.
[16] Süddeutsche Zeitung vom 18.3.2011: „Beweisaufnahme abgeschlossen" (Robert Probst).

Verteidigungsstrategie „overdetermined" – überentschlossen[17]. Möglicherweise spielten auch die mehr als 20 Befangenheitsanträge, die Busch gestellt hatte, eine Rolle für das Verhalten des Gerichts. So begannen am 22. März 2011 die Plädoyers.

2. Ein Puzzle betrachten – die Plädoyers der Anklage

Der Vertreter der Anklage, Staatsanwalt Hans-Joachim Lutz, trat in den bisherigen Ausführungen kaum in Erscheinung. Dies liegt vor allem daran, dass er generell nur unscheinbar und geradezu passiv agierte. Lutz (der nur selten von seinem Kollegen Thomas Steinkraus-Koch unterstützt oder vertreten wurde) gab sich während der Verhandlung nämlich zumeist still und zurückhaltend; die meisten Redebeiträge waren geradezu karg. Nur wenn ihm Verteidiger Busch vorhielt, er habe ihm den Zugang zu wichtigen Akten verweigert, wurde er energischer[18]. In einem Interview, das der BR während der Verhandlungsmonate mit ihm führte, erklärte Lutz, ihm gehe es nicht darum, Geschichte aufzuarbeiten: „Ich bin Staatsanwalt. Wir wollen Menschen verfolgen, die eben Schuld auf sich geladen haben und nur darum geht es."[19] Lutz hatte bereits Erfahrungen in anderen NSG-Verfahren gesammelt; so hatte er die Anklage im Scheungraber-Verfahren vertreten. Sein geradezu passives Verhalten fiel auch anderen Beobachtern auf. Angelika Benz schrieb im Nachgang, er habe „beinahe vollständig die öffentliche Anklage" verweigert[20]. Dieser Eindruck war angesichts der Erfahrung, die Lutz besaß, und der Prozessumstände umso bemerkenswerter.

Emotionslos, fast schematisch baute der Staatsanwalt auch sein Schlussplädoyer auf. Nur der Anfangssatz verriet, dass er sich die Bedeutung des Verfahrens vergegenwärtigt hatte und nicht nur routiniert seiner Rolle genügte. Diese Eingangsbemerkung lautete:

„Ein außergewöhnlicher Strafprozess geht dem Ende entgegen, […] nicht nur wegen dem Thema, wegen dem Angeklagtem […]. Außergewöhnlich waren auch die Hauptverhandlung […], das Bett, die Nebenkläger, die Verteidigung."[21]

Nach dieser Bemerkung ging Lutz jedoch nur mehr nach Lehrbuch vor.

---

[17] Douglas, Ivan the Recumbent, S. 51.
[18] Vgl. Benz, Henkersknecht, S. 36.
[19] Tim Aßmann, Der NS-Ermittler – Porträt des Demjanjuk-Anklägers Hans-Joachim Lutz, Hörfunkbeitrag (ARD-Angebot) vom 22.3.2010; das Skript liegt dem Verfasser vor.
[20] Benz, Einblicke, S. 161.
[21] Logbuch-Eintrag vom 22.3.2011.

Seine schriftliche Kurzform des Plädoyers hatte er mit arabischen und römischen Ziffern gegliedert; Lutz arbeitete diese Punkte (Sachverhalt, Tatbeitrag, rechtliche Würdigung und so weiter) in einem Vortrag von etwa zwei Stunden ab. Zu den wenigen Sätzen, in denen er aus sich herausging und über den Tellerrand des Einzelfalls hinausblickte, zählte die Bemerkung: „Jede Zeit entscheidet für sich hinsichtlich der Abwägung über vergangenes Unrecht."[22] Dieser Satz postulierte – schwach, aber immerhin – die Absicht der Staatsanwaltschaft, sich in diesem Verfahren von den Denkschemata früherer NSG-Strafverfahren zu lösen. Bei gutem Willen war er als minimalisierte Form der Rechtfertigung für das Verfahren zu verstehen.

Für Erstaunen sorgte in der Öffentlichkeit das von Lutz letztlich geforderte niedrige Strafmaß. Wie sich im Punkt „Strafzumessung" herausstellte, hatte sich die Staatsanwaltschaft entschlossen, nicht das höchstmögliche Strafmaß zu verlangen. Sie beschränkte sich auf eine Forderung nach einer sechsjährigen Freiheitsstrafe. Zur Begründung führte Lutz aus, man habe das Alter des Angeklagten, den Umstand, dass die Taten bereits über 60 Jahre zurücklägen, und die in Israel verbüßte Untersuchungshaft berücksichtigt – sozusagen „abgezogen"[23].

Im zusammenfassenden Hörfunk-Bericht über das Prozessgeschehen des Tages nannte ich den Gesamteindruck des Anklage-Plädoyers „nüchtern und präzise". Ich betonte, dass die bereits zu Beginn des Hauptverfahrens erhobene Beschuldigung, Demjanjuk habe aus antisemitischen Motiven gehandelt, in der Strafforderung erneut auftauchte, „obwohl die Verhandlung dafür nur indirekte Anzeichen erbracht hatte". Außerdem erwähnte ich, dass der Angeklagte die Äußerungen des Staatsanwalts im Krankenbett „scheinbar regungslos [...] und mit einer dunklen Brille vor den Augen" verfolgt habe[24]. Die Berichterstattung in den Printmedien war ebenfalls überwiegend in sachlichem Tonfall und nachrichtlicher Diktion gehalten. So überschrieb die „Süddeutsche" etwa ihren Artikel mit der Schlagzeile „Demjanjuk soll sechs Jahre ins Gefängnis" und gab die Forderung der Anklage sehr kompakt und neutral wieder, sich in bloßen Halbsätzen auf

---

[22] Staatsanwaltschaft München I, „Plädoyer im Verfahren gegen John Demjanjuk vor dem Landgericht München II"; dieses Konzeptpapier ist auf den 22.3.2010 datiert und liegt dem Verfasser in Kopie vor.

[23] Vgl. dazu auch die Pressemitteilung des Oberlandesgerichts München vom 22.3.2011, die die wesentlichen Punkte des Plädoyers zusammenfasst; das Dokument liegt dem Verfasser als Kopie vor.

[24] Rainer Volk, Hörfunkbeitrag „Plädoyers im Demjanjuk-Prozess" (ARD-Sammelangebot) vom 22.3.2011; das Skript befindet sich im Besitz des Verfassers.

Ein Puzzle betrachten – die Plädoyers der Anklage 101

beobachtende Elemente („Der 90 Jahre alte Angeklagte zeigte bei der Strafforderung keine Regung") beschränkend[25].

Aus dem Stil lassen sich – vorsichtig – Rückschlüsse auf die Einschätzung der Berichterstatter ziehen. Wäre der Auftakt in die Endphase des Prozesses ein emotionaler Höhepunkt – ein „Schauspiel" – gewesen, hätten die Kollegen vermutlich umfänglicher und anders berichtet. Doch das Plädoyer von Lutz machte aus dem Tribunal keine Szene. Ein Indiz dafür war auch meinem Bericht zu entnehmen: Obwohl die „langen" ARD-Sammelangebote kaum die Drei-Minuten-Grenze überschreiten (dürfen), fand sich an diesem Tag noch Zeit zu erwähnen, dass auch die ersten Nebenkläger mit ihren Schlussvorträgen begonnen hatten. In diesem Teil des Berichts stand auch die einschätzende Formulierung, diese seien „im Ton pathetischer als der Vortrag des Staatsanwalts" gewesen. Anlass für diese Anmerkung war unter anderem der Satz des amerikanischen Anwalts Martin Mendelsohn, der Philip Bialowitz und Thomas Blatt vertrat, durch den Prozess könne „ein schändliches Kapitel der Weltgeschichte endlich geschlossen werden"[26]. Mendelsohn meinte den Völkermord an den europäischen Juden.

Diese Bemerkung nahm bereits die Stimmung der kommenden Sitzungen vorweg. Denn die „Anträge" oder „Vorträge" der Nebenkläger zogen sich über etwas mehr als drei Tage (23. März sowie 13. und 14. April 2011) hin und lenkten die Perspektive auf die Opfer des Geschehens in Sobibór beziehungsweise auf die Sicht der Hinterbliebenen. Einige der Nebenkläger nutzten bewusst die Gelegenheit, um selbst das Wort zu ergreifen, wie etwa am 13. April 2011 Jules Schelvis und einen Tag später Paul Hellmann. In unserem Reporter-Protokoll notierten wir bei Schelvis dessen äußerst korrektes Auftreten („dunkelblauer Anzug, hellblaue Krawatte, weißes Hemd") und seine Erklärung, er sei stolz darauf, hier sein „Plädoyer zu halten"; er tue dies, weil er es seiner „Frau Rachel und den Verwandten schuldig" sei und weil er „das Schicksal von 170 000 Juden als Mahnung in das Gedächtnis eines jeden einprägen" wolle[27]. Hellmann begann seinen Vortrag mit einer kurzen Skizze der Persönlichkeit seines Vaters, wobei er erklärte, dieser sei ein „sanfter und verletzbarer Mann" gewesen, den man am 2. April 1943 in Sobibór ermordet habe[28].

---

[25] Süddeutsche Zeitung vom 23.3.2011: „Demjanjuk soll sechs Jahre ins Gefängnis" (Robert Probst).
[26] Ein Skript des Vortrags in deutscher Übersetzung befindet sich im Besitz des Verfassers; vor Gericht trug Mendelsohn in englischer Sprache vor.
[27] Logbuch-Eintrag vom 13.4.2011.
[28] Logbuch-Eintrag vom 14.4.2011.

102 Plädoyers und Urteil – die finale Verwirrung

Ihre volle Wirkung entfalteten diese Sätze, weil die insgesamt etwa 30 Nebenkläger an diesen Tagen fast sämtlich im Saal vertreten waren. Unter psychologischen Aspekten war dies sicherlich als Demonstration moralischer Stärke und Entschlossenheit zu verstehen. Wie mir der Nebenkläger Robert Fransmann berichtete, hatten einige Nebenkläger darauf bestanden, selbst zu sprechen; andere hielten es für besser, den Vorträgen der Anwälte zu vertrauen. Sicher ist: Ohne ihren persönlichen Hintergrund als Holocaust-Opfer hätten diese Auftritte weniger Symbolkraft besessen. Doch indem sie den Völkermord in ihren Reden offen ansprachen, zeigten Schelvis und Hellmann Instinkt für die öffentliche Wirkung. So beschrieb Schelvis etwa ausführlich, was in den Transportzügen nach Sobibór und in den Gaskammern des Vernichtungslagers geschah, um dann in einer effektvollen Wendung darauf hinzuweisen, er sei zur Humanität erzogen worden und wünsche sich deshalb zwar einen Schuldspruch für den Angeklagten, auf eine Bestrafung komme es ihm aber nicht an[29]. Weniger auf Emotionalität als auf die juristische Vertiefung der Materie und deren perspektivische Korrektur zielten – selbstredend – die Plädoyers der Nebenklägeranwälte.

Angelika Benz sah hierin eine gewisse Arbeitsteilung[30]. Sie meinte damit: Jeder widmete sich einem anderen Schwerpunkt, um auf diese Weise Wiederholungen zu vermeiden. Tatsächlich überschnitten sich die Vorträge nur in Randaspekten. Ob es eine entsprechende Absprache gab oder ob jeder sich auf die Punkte konzentrierte, die ihn am meisten interessierten und die nachfolgenden Redner einfach reagierten, ließ sich aus den schriftlichen Unterlagen nicht erschließen.

Besonderen Eindruck hinterließ die strafrechtliche Argumentation von Cornelius Nestler, der auf die Handlungsspielräume Demjanjuks einging und dabei sehr differenziert argumentierte: Man müsse die historische Situation in Betracht ziehen und könne ihm nicht vorhalten, er habe sich durch die Rekrutierung vor dem Hungertod im Kriegsgefangenenlager retten wollen[31]. Demjanjuks Schuld sah Nestler darin, dass er Fluchtmöglichkeiten nicht genutzt habe: „Nicht mitmachen. Sobibór verlassen, fliehen. In kriegerischen Zeiten gibt es nicht die Alternative, keinen Gefahren ausgesetzt zu sein." Stattdessen habe Demjanjuk das relativ bequeme Leben der Trawniki

---

[29] Diese Wendung fehlt im Logbuch; zit. nach Der Spiegel vom 2.5.2011: „Ein Gebot der Menschlichkeit" (Gisela Friedrichsen).
[30] Vgl. Benz, Henkersknecht, S. 208.
[31] Schlussvortrag von Prof. Dr. Cornelius Nestler im Strafverfahren gegen John Demjanjuk (das Dokument ist im Internet einsehbar unter www.nebenklage-sobibor.de); das folgende Zitat findet sich ebenda.

in den Lagerbaracken gewählt. Wie andere Nebenkläger verzichtete Nestler darauf, einen konkreten Strafantrag zu stellen. Als der Anwalt endete, gab es laut unserem Logbuch Applaus durch die Nebenkläger[32]. Auch das mag ein Hinweis sein, dass es bei den Plädoyers der Nebenkläger nicht zuletzt um die öffentliche Wirkung ging.

Mehrmals appellierten die Plädoyers auch an Demjanjuk, vor Prozessende seine Version der Rekrutierung und der Verstrickung in den Völkermord darzulegen, um zu einer besseren Einschätzung kommen zu können. Manchmal klang auch der Hinweis auf eine mögliche Vergebung und auf Verzeihung an – obwohl dies nach juristischen Gesichtspunkten in einem Verfahren kaum manifest zu machen ist. Diese Momente zeigten, dass selbst unter qualifizierten Juristen populäre – fast archaische – Vorstellungen von Recht und Gerechtigkeit artikuliert werden. Nestler verwendete das Begriffspaar ebenso wie Kleidermann (und andere Anwälte) in auffälliger Weise. So zitierte Rolf Kleidermann Sätze des Dramatikers Friedrich Dürrenmatt: „Die Gerechtigkeit wohnt in einer Etage, zu der die Justiz keinen Zugang hat", um dann zu ergänzen: „Durch die Verurteilung des Angeklagten verschafft sich die Justiz in diesem Verfahren Zugang zu dieser Etage."[33]

Diese Beobachtungen lassen folgern, dass die Schlussplädoyers auch eine „Ventilfunktion" hatten: Sie gaben den Nebenklägern Gelegenheit, nach langer Zeit ihre Meinung zu äußern. Diesem Zweck dienten höchstwahrscheinlich auch die Seitenhiebe auf den Verteidiger, die es in fast jedem Vortrag gab. Sie nutzten die Gelegenheit, dessen Rechtshypothesen unter fachlichen Gesichtspunkten zu kritisieren. Die lange Dauer des Demjanjuk-Verfahrens mag eine besondere Versuchung gewesen sein, hier die Interpretation der anderen Seite gründlich zu widerlegen.

Der Öffentlichkeit entgingen diese Aspekte nicht. Zwar war das Zuschauerinteresse zu diesem Zeitpunkt noch immer vergleichsweise gering; viele Plätze seien an diesen Tagen leer geblieben, notierte Angelika Benz[34]. Doch in der Presse fanden sich ausführliche Artikel zum Prozessfortschritt. Die Phase des Desinteresses in den Redaktionen war überwunden. So druckte der „Spiegel" ein halbseitiges Foto, das einige der Nebenkläger in jenem Augenblick zeigte, in dem John Demjanjuk im Rollstuhl an ihnen vorbei Richtung Krankenbett am Richtertisch geschoben wurde[35]. Die

---

[32] Logbuch-Eintrag vom 14.4.2011.
[33] Schlussplädoyer Rolf Kleidermann, undatiert; Original im Besitz des Verfassers.
[34] Vgl. Benz, Henkersknecht, S. 209.
[35] Illustration zu: Der Spiegel vom 2.5.2011: „Ein Gebot der Menschlichkeit"; das folgende Zitat findet sich ebenda.

Möglichkeit für die Aufnahme ergab sich, weil die Verhandlung wegen Belegung des Saales A 101 in den Konferenzsaal des Münchner Justizpalasts, also in ein anderes Gebäude mit anderen räumlichen Gegebenheiten, verlegt worden war. Im Saal A 101 wäre es nicht zu dem kurzen physischen Nebeneinander von Nebenklägern und Angeklagten gekommen, da es dort getrennte Zugänge zum Saal für Prozessbeteiligte und Zuhörer gab. In Gisela Friedrichsens Artikel stand der Satz, „einer der bewegendsten Momente" sei das Plädoyer von Schelvis gewesen; ansonsten konzentrierte sich ihre Darstellung auf Nestlers Schlussvortrag.

3. Ein letztes Manifest – die Verteidigung plädiert

Das letzte Wort vor der Urteilsverkündung haben im Strafprozess stets der Angeklagte und sein Verteidiger. Dies gilt auch für die Reihefolge der Plädoyers. Also war es klar, dass nach den Schlussvorträgen der Verteidiger Busch und Maull sehr bald das Urteil ergehen würde. Die Frage war jedoch: Wie lange würden die Plädoyers dauern? Da sich Rechtsanwalt Maull in seinen Äußerungen im Lauf des Verfahrens regelmäßig als kurz und präzise erwiesen hatte, bezog sich die Unsicherheit vor allem auf den Schlussvortrag von Ulrich Busch.

Das Landgericht München II hatte vorab eine Verfügung über den Ort des Geschehens erlassen, die in Form und Stil den bemerkenswerten Grad der zerrütteten Kommunikation mit dem Wahlverteidiger zeigte. Rein formal bestätigte das Dokument vom 28. April 2011 nur, dass die Hauptverhandlung wegen „Belegkollisionen" mit anderen Prozessen, ab dem 3. Mai 2011 in einen relativ kleinen Sitzungssaal des Strafjustizzentrums verlegt worden sei[36]. Doch reagierte das Gericht mit diesem Schriftsatz auch auf eine Beschwerde von Busch, der fürchtete, er werde wegen der Akustik des gewählten Saales nicht verstanden. In dem Papier hieß es, der Saal sei „ausreichend dimensioniert", die Befürchtungen des Verteidigers seien „in Anbetracht der langjährigen praktischen Erfahrung widerlegt". Die eigentliche Pointe aber war den letzten beiden Absätzen zu entnehmen. Hier erklärte der Vorsitzende Richter Alt (der das Dokument unterschrieben hatte), man habe Busch auch im Saal A 101, der über eine Mikrofonanlage verfügte, ermahnen müssen, lauter zu sprechen. Im letzten Satz fügte Alt

---

[36] Verfügung des Vorsitzenden der 1. Strafkammer als Schwurgericht des Landgerichts München II vom 28.4.2011; das folgende Zitat findet sich ebenda. Kopie im Besitz des Verfassers.

noch hinzu, ein anderer Sitzungssaal komme schon deshalb nicht in Frage, „weil es beim Schlussvortrag auf den Inhalt des gesprochenen Wortes und nicht auf dessen Lautstärke ankommt".

Dass es bei solchen Bemerkungen auch um alte Rechnungen ging, zeigte sich zu Beginn der Sitzung am 3. Mai 2011, dem ersten Tag von Buschs Plädoyer. Als dieser seinen Vortrag mit dem Satz eröffnete, er könne ihn nicht schriftlich vorlegen, deshalb gelte: „Nachlesen gibt es nicht; [es] gibt nur Zuhören"[37], wehrte Richter Alt den Angriff sofort mit dem ironischen Satz ab: „Die Kammer hat Ihnen immer zugehört." Tatsächlich musste der Saal nunmehr zuhören, weil die Strafprozessordnung beim Plädoyer weitgehend auf der Seite des Vortragenden steht. Übrigens veröffentlichte Busch das Plädoyer wenige Wochen nach Ende des Prozesses doch in gedruckter Form – nämlich als Buch unter dem Titel „Demjanjuk: Der Sündenbock"[38].

Dem akustischen Eindruck nach handelte es sich bei dem Schlussvortrag mehr um ein Manifest als um eine juristische Erklärung zum Schutz eines Mandanten. So begann Busch mit der literarischen Fiktion, Fernsehen, Funk und Presse meldeten eines Tages den Freispruch für Demjanjuk – um diesen Gedanken dann auszuspinnen. Angelika Benz notierte in ihrer Analyse des Demjanjuk-Prozesses, der Vortrag von Busch habe insgesamt 17 Stunden gedauert[39]. Sie gab die Ausführungen sehr ausführlich wieder und gestand dabei ein, der gedankliche Aufbau des Plädoyers habe ihr große Probleme bereitet. Zwar gliederte Busch seinen Rede äußerlich in 20 Kapitel, die er durch Verlesen der Überschriften und kleine Sprechpausen markierte, doch war es schwierig, darin einen roten Faden zu entdecken. Einerseits wiederholte er die Argumente, die er in 18 Monaten – zum Teil mehrfach – vorgetragen hatte in komprimierter Form. Andererseits geriet ihm die Argumentation regelmäßig durch Überspitzung zur Karikatur, was die Plausibilität mitunter sehr schmälerte. Im Abschnitt über die Trawniki zog Busch beispielsweise die Analogie: „Der Fuchs ist ein Vierbeiner. Unser Chef ist ein Fuchs. Folglich ist unser Chef ein Vierbeiner. Übertragen auf diesen Prozess: Alle Trawniki sind Mörder, John Demjanjuk ist ein Trawniki, folglich ist John Demjanjuk ein Mörder."[40]

---

[37] Logbuch-Eintrag vom 3.5.2011.
[38] Vgl. Ulrich Busch, Demjanjuk: Der Sündenbock. Schlussvortrag der Verteidigung im Strafverfahren gegen John Demjanjuk vor dem Landgericht München, Münster 2011; zum Folgenden vgl. ebenda, S. 7–15.
[39] Vgl. Benz, Henkersknecht, S. 222.
[40] Busch, Demjanjuk, S. 32.

Am 4. Mai (dem zweiten Tag seines Vortrags) antwortete der Verteidiger auf die Empfehlung des Nebenklagevertreters Nestler, die Trawniki hätten aus Sobibór fliehen sollen, mit den Worten: „99,9 Prozent in diesem Saal wären in so einem System nicht zum Helden sondern zum Diensthund geworden [...], sie wären Trawniki geworden; [...] nicht Helden auf dem Heldenfriedhof der Geschichte."[41] Diesen durchaus bedenkenswerten Einwand, dass es ex post leichter sei, Handlungsspielräume zu erkennen, entwertete Busch praktisch auf dem Fuß durch die Anwendung eines Mensch-Tier-Vergleichs durch Übertreibung: „[Die] Trawniki waren [die] Diensthundestaffel der Nazis. Von der Vernichtung des menschlichen Willens verstanden die Ausbilder etwas." Angelika Benz kommentierte die mangelnde Fokussierung der Argumentation bedauernd:

> „Die Trawniki-Männer sind bisher tatsächlich, auch in der historischen Forschung, immer nur pauschal als Kollektiv beschrieben worden, ohne individuelle Motive und einzelne Zwänge zu berücksichtigen. Doch auch dieses Sachargument geht in einem Meer bekannter Vorwürfe und haltloser Behauptungen unter."[42]

Es kann hier nicht verschwiegen werden, dass Busch auch vor Geschmacklosigkeiten und (letzten) Provokationen nicht zurückschreckte. So erklärte er in der Sitzung am 4. Mai, die Opfer im niederländischen Sammellager Westerbork hätten durch ihre Ahnungslosigkeit an ihrer eigenen Vernichtung mitgewirkt. Auch verwies er auf den ukrainischen „Holodomor", die von Stalin provozierte Hungerkatastrophe ab 1929, der mehrere Millionen Menschen zum Opfer fielen[43], und kämpfte beim Verlesen dieser Passage melodramatisch mit seinen Emotionen[44].

Auffällig war das Pathos, mit dem er einerseits die Auswirkungen der jahrzehntelangen Prozesse gegen seinen Mandanten schilderte, und wie knapp und kursorisch er – meist nur in einem Satz – andererseits auf die Perspektive der Nebenkläger einging. Am Ende des viereinhalbtägigen Monologs forderte der Anwalt einen Freispruch für seinen Mandanten sowie Entschädigung für die Untersuchungshaft und eine Aufhebung des Haftbefehls. Zu den appellativen Momenten des Antrags zählte auch der Schluss, in dem der Satz fiel: „Deutschland, lassen Sie endlich ab von diesem Ihrem Verfolgungsopfer, lassen Sie diesen alten Mann, John Demjanjuk, endlich im Kreise seiner Familie in Ruhe sterben"[45].

---

[41] Logbuch-Eintrag vom 4.5.2011; das folgende Zitat findet sich ebenda.
[42] Benz, Henkersknecht, S. 222.
[43] Vgl. Busch, Demjanjuk, S. 45 f.
[44] Logbuch-Eintrag vom 4.5.2011.
[45] Busch, Demjanjuk, S. 187.

Den Kontrast zu den Ausführungen Buschs lieferte am Nachmittag des 11. Mai 2011 der zweite, vom Gericht bestellte Verteidiger Demjanjuks, Günther Maull. Dieser hatte gegenüber Reportern tags zuvor angekündigt, er werde für sein Plädoyer zwischen 30 Minuten und einer Stunde benötigen[46]. Es unterschied sich aber nicht nur in der Länge, sondern auch in Stil und Form von dem seines Kollegen. So sprach Maull, trotz seines Alters, aufrecht stehend – mit dem rhetorischen Seitenhieb auf Busch, dies geschehe „wegen der besseren Akustik"[47].

Maull konzentrierte sich auf die wesentlichen rechtlichen Probleme der Anklage, vor allem auf die strittige Frage der Amtsträgerschaft Demjanjuks, die er anzweifelte. Ebenso bestritt er, dass Anklage und Nebenkläger die richtigen moralischen Maßstäbe für Demjanjuk anlegten. In unserem Logbuch fand sich zur Selbstvergegenwärtigung von Handlungsspielräumen folgende Passage:

„Sicher ist: Ihm ist damals bestimmt nicht erklärt worden, dass es Befehle gibt die man aus Gewissensgründen nicht befolgen sollte, wenn man nicht später deswegen hier belangt werden will. [...] Es kann nicht einfach lauten, er habe Schuld auf sich genommen weil er Taten billigte, weil es durchaus denkbar ist dass [diese] Skrupel gar nicht abgerufen werden konnten, weil dieses Instrument damals noch gar nicht implementiert war."[48]

Angelika Benz hat ausdrücklich bedauert, dass Maulls Hinweis auf das fehlende Wissen über die subjektiven Motive des Angeklagten erst so spät in dem Prozess zur Sprache kam, und nannte dieses Element der Anklage, also Demjanjuks Rassenhass, die „Schwachstelle des Prozesses", weil es fraglich sei, welche Beweggründe dieser gehabt habe: „Die ihm unterstellte Bereitschaft, freiwillig oder gar mit Genuss am Judenmord teilgenommen zu haben, ist spekulativ und bleibt ungeklärt."[49] Selbstverständlich forderte auch Maull am Ende seiner Argumentation einen Freispruch für seinen Mandanten.

Obwohl die Schlussvorträge der Verteidigung stets das letzte wichtige Element eines Strafprozesses vor der Urteilsverkündung sind, fiel das Echo auf die Ausführungen der beiden Anwälte bemerkenswert dünn aus. Es gab kaum Berichte und Pressemeldungen, die deren Argumente und Bedenken eingehend reflektierten. Die Deutsche Presse-Agentur verbreitete zwar am ersten Tag des Busch-Monologs eine ausführliche Meldung, die nicht streng

---

[46] Logbuch-Eintrag vom 10.5.2011.
[47] So zu finden bei Benz, Henkersknecht, S. 226.
[48] Logbuch-Eintrag vom 11.5.2011.
[49] Benz, Henkersknecht, S. 227.

nachrichtlich formuliert war und wesentliche Teile der Rede wiedergab, doch enthielt der Bericht auch – fast im Stil einer Vorwarnung – die Mitteilung, dass Busch die angesetzten drei Verhandlungstage für seinen Vortrag wahrscheinlich nicht genügen würden[50]. Den zweiten Tag, an dem Busch en suite sprach, beachtete die Agentur nicht mehr; ihre nächste Meldung folgte erst am 5. Mai – dem Tag, der ursprünglich als letzter Tag der Plädoyers vorgesehen war[51]. Die „Frankfurter Allgemeine Zeitung", die den Prozess ziemlich kontinuierlich verfolgt hatte, brachte vom ersten Tag des Verteidiger-Plädoyers ebenfalls einen etwas längeren, nachrichtlich verfassten Artikel[52], begnügte sich nach den ersten beiden Tagen von Buschs Vortrag jedoch mit einer Zusammenfassung zum Stand des Verfahrens. Busch wurde darin mit keinem Wort erwähnt[53].

In der „Süddeutschen Zeitung", die insgesamt gesehen die umfangreichsten Berichte zum Fortgang der Hauptverhandlung druckte, kamen die Plädoyers der Verteidiger nur am Rande zur Sprache: In einem großen Artikel, der wichtige Prozesse vor deutschen Gerichten zu den Verbrechen des Nationalsozialismus darstellte, stand unter der Zwischenüberschrift „Der Demjanjuk-Prozess in München" fast lapidar, die Verteidigung führe an, „hier werde nach einer ‚Lex Demjanjuk' verhandelt". Den Ausführungen der Nebenklage wurde kaum mehr Raum gegeben, wobei das Argument aus dem Plädoyer Nestlers, Demjanjuk könne sich nicht darauf berufen, dass die Justiz in den Jahrzehnten zuvor deutsche Täter freigesprochen habe, am ausführlichsten dargelegt wurde[54].

Auch der ARD-Hörfunk verbuchte die Bewertungen und Bilanzen der Verteidiger nicht als außerordentliche Ereignisse. In einem Vorbericht auf das Urteil gab ich die Freispruchs-Forderung von Rechtsanwalt Busch zwar wieder und ließ diesen auch in einem O-Ton zu Wort kommen. Doch über Maulls bedenkenswerte Skepsis stand in dem Beitrag kein Wort. Stattdessen widmeten sich weite Teile des Berichts den bereits bekannten Forderungen

---

[50] Vgl. dpa-Basisdienst vom 3.5.2011, 16:51 Uhr: „Demjanjuk-Verteidiger: ‚Der wahre Täter heißt Deutschland'" (Sabine Dobel).
[51] Vgl. dpa-Basisdienst vom 5.5.2011, 13:42 Uhr: „Anwalt: Beteiligung Demjanjuks an Massenmord unbewiesen" (Sabine Dobel).
[52] Vgl. Frankfurter Allgemeine Zeitung vom 4.5.2011: „Demjanjuk freisprechen" (Karin Truscheit).
[53] Vgl. Frankfurter Allgemeine Zeitung vom 6.5.2011: „Funktionelle Mitwirkung am Morden" (Karin Truscheit).
[54] Süddeutsche Zeitung vom 7./8.5.2011 (Wochenendbeilage): „Sie wussten, was sie taten" (Robert Probst).

Ein letztes Manifest – die Verteidigung plädiert   109

der Staatsanwaltschaft und der Nebenklage. Auch der Nebenklägeranwalt Nestler hatte mit einer Schelte Buschs einen kurzen Auftritt[55].

Die Ursachenforschung für die Versäumnisse der Berichterstattung zu diesem Zeitpunkt muss weitgehend spekulativ sein, weil viele Entscheidungen damals wegen des großen Zeitdrucks sehr spontan getroffen wurden. Doch ist zu bedenken, dass die Erwartung des Urteils aus journalistischer Perspektive den weitgehend prognostizierbaren Tenor der Verteidigerplädoyers überstrahlte und damit, insgesamt gesehen, wichtiger war. Es kam hinzu: Gerade die Agenturjournalisten, die weite Teile der Hauptverhandlungen nicht verfolgt hatten, kannten die Feinheiten des Falles nicht genügend, um Anspielungen und Bemerkungen des Verteidigers in den richtigen Kontext setzen zu können. Das größte Problem aber war mit Sicherheit die Länge des Vortrags von Busch. Hier im knappen Stil des Agenturjournalismus eine Tendenz oder eine Bilanz zu Papier bringen zu wollen, ohne viele Aspekte zu vernachlässigen, war geradezu unmöglich. Insofern schadete sich der Verteidiger selbst. Es schien fast, als verfolgte er eine bewusste Anti-Medienstrategie, indem er niemandem auch nur Teile seines Vortrags zur Verfügung stellte. Die Journalisten mussten also seine Ausführungen mitschreiben und konnten über Inhalt und Länge nur rätseln.

Es darf nicht verwundern, dass dies auf wenig Resonanz stieß und die Prozessberichterstatter Busch umgingen, soweit dies möglich war. Die Marginalisierung der kritischen Passagen im Schlussplädoyer von Rechtsanwalt Maull erklärte sich im Wesentlichen mit dessen peripherer Rolle während des gesamten Prozesses. Da Maull in 18 Monaten Hauptverhandlung kaum durch Interventionen Aufmerksamkeit erregt hatte, fiel es ihm schwer, sich im letzten Augenblick Gehör zu verschaffen. In den meisten Agenturmeldungen und Zeitungsartikeln kamen Maulls Argumente aus dem Plädoyer nicht vor – und zwar weder in den Meldungen, die sich lediglich auf die Ereignisse des 11. Mai bezogen, noch in den zusammenfassenden Beiträgen. Die beiden Meldungen der Agenturen dpa und ap/dapd bewiesen dies nachdrücklich[56]. Offensichtlich waren die Berichterstatter nicht fähig, in letzter Minute die ausgetretenen Pfade aus anderthalb Jahren zu verlassen. Die Zeichen standen bereits Richtung Urteil.

---

[55] Rainer Volk, Vor dem Demjanjuk-Urteil (ARD-Sammelangebot) 12.5.2011, geschrieben am 11.5.2011; Original-Skript im Besitz des Verfassers.
[56] Ich beziehe mich hier auf: dpa-Basisdienst vom 11.5.2011, 17:01 Uhr: „Verteidigung verlangt Freispruch für John Demjanjuk" (Sabine Dobel) und ap/dapd vom 11.5.2011, 14:43 Uhr: „Demjanjuk-Verteidiger beantragt Freispruch – Haftentlassung und Entschädigung verlangt – Urteil für Donnerstag erwartet".

Plädoyers und Urteil – die finale Verwirrung

Dies zeigte sich auch in einigen Zeitungsartikeln des Tages. So druckte die „taz" vorab eine Art Prozessbilanz. Der Autor, Klaus Hillenbrand, hatte seit der Abschiebung Demjanjuks nach Deutschland über die Entwicklung des Falles geschrieben. Obwohl er weite Strecken des Geschehens in München nicht selbst verfolgt hatte, bescheinigte er dem Landgericht gute Arbeit: „Der Münchner Prozess war ein Muster an Rechtsstaatlichkeit – so wie die Vorgeschichte ein einziges Desaster gewesen war." Und er übte unverhohlene Kritik am Verteidiger, der „bisweilen erheblich über sein Ziel hinausgeschossen" sei[57]. Eine ähnliche Zusammenfassung fand sich am 12. Mai 2011 in der Regionalzeitung „Main-Post" aus Würzburg[58]. Die bemerkenswerteste Presse-Äußerung aber war ein Kommentar in der „Süddeutschen Zeitung", der vorab skeptisch den Sinn des Prozesses gegen Demjanjuk diskutierte. Wörtlich hieß es darin: „Gerechtigkeit? Ein allzu großes Wort. Man mag es, wenn von Naziverbrechen die Rede ist, lieber nicht mehr in den Mund nehmen."[59] Dieser Satz bezog sich zwar (auch) auf einen Vergleich des Schicksals von Demjanjuk mit dem eines in Ingolstadt in Freiheit lebenden SS-Mannes aus den Niederlanden. Diese Kritik am Verfahren war jedoch schon daher außergewöhnlich, weil sie am Tag des Urteils erfolgte – ohne dass das Strafmaß oder eine Begründung durch das Gericht schon bekannt gewesen wären.

---

[57] Tageszeitung vom 11.5.2011: „Das Gebot der Gerechtigkeit".
[58] Vgl. Mainpost vom 12.5.2011: „Show oder späte Gerechtigkeit" (Manfred Schweidler).
[59] Süddeutsche Zeitung vom 12.5.2011: „Gerechtigkeit? Von wegen" (Hans Holzhaider).

VII. Im Namen des Volkes: Das Urteil und seine Folgen

1. Der Richterspruch – ein Ende mit einer Volte

Am Morgen des 12.Mai 2011 waren Reporter und Zuschauer noch unsicher, ob das Gericht ein Urteil verkünden würde. Theoretisch waren noch neue Prozessmanöver des Verteidigers möglich. Auf jeden Fall konnte die Strafkammer nicht sofort mit dem Urteil aufwarten, denn es waren noch Formalitäten wie ein Beschluss zu den tags zuvor eingereichten Beweisanträgen des Verteidigers zu behandeln; ebenso standen die Schlussworte aller Beteiligten aus, eventuell auch des Angeklagten. Zu den äußeren Umständen dieses 93.Verhandlungstags gab es ebenfalls keine präzisen Vorhersagen. Die erhöhten Sicherheitsmaßnahmen deuteten auf schwierige Bedingungen für die Berichterstattung hin. Ein Chaos wie zum Auftakt der Hauptverhandlung Ende November 2009 schien möglich. Wir hatten daher abermals zwei Übertragungswagen und ein Office-Mobil bereitstellen lassen, vorab Sammelangebote produziert und Fernschreiben an die ARD-Anstalten verschickt. Da sich ein letztes Mal großer Bedarf an Live-Gesprächen andeutete, waren wir als Hörfunk-Reporter zu dritt. Wie am 30.November 2009 standen zunächst mehrere Live-Gespräche in den Morgenprogrammen des BR an. Kurzum: es war wieder „Großkampftag".

Zu meiner Verwunderung blieben die Umstände im Gerichtsgebäude und im Saal an diesem Tag jedoch einigermaßen geordnet. Die Wartezeit an der Sicherheitsschleuse am Eingang des Gerichtsgebäudes war eher kurz, auch der zweite Sicherheits-Check auf dem Flur vor dem Saal A 101 verlief problemlos. Es waren offensichtlich weitaus weniger Reporter angereist als zum Prozessauftakt. Die untere Zuhörergalerie genügte für die akkreditierten Journalisten vollauf.

Die Verhandlung begann an diesem Tag fast auf die Minute pünktlich. Das Gericht schien es geradezu eilig zu haben, denn es erschien im Saal, ehe die Sanitäter den Angeklagten in sein Krankenbett gelegt hatten. Nach dieser Prozedur verkündete der Vorsitzende Richter Alt zunächst die Ablehnung der Anträge Buschs und fragte die Prozessbeteiligten einzeln nach ihrem Schlusswort. Alle verzichteten – auch der Angeklagte wollte keine persönliche Erklärung abgeben. Sein Rechtsanwalt Busch fragte nur scherzhaft: „Soll ich wirklich mein Plädoyer noch einmal wiederholen?" Im Anschluss an diese Formalitäten unterbrach die Kammer die Verhandlung bis zum

Mittag[1]. Erst jetzt war klar: Es würde an diesem Tag das Urteil verkündet; der Prozess gegen John Demjanjuk würde sein Ende finden. Formal gesehen nutzte das Gericht die knapp zweistündige Pause zur Beratung über das Urteil. Allerdings wäre die Annahme naiv, Begründung und Strafmaß seien in dieser kurzen Zeit ausgearbeitet worden. Mit großer Sicherheit darf man vielmehr davon ausgehen, dass das Gericht den größten Teil des entsprechenden Dokuments bereits zuvor ausgearbeitet hatte. Das entspricht zwar nicht dem Denken des Laien, denn die Urteilsbegründung musste auch die Argumente der Schlussvorträge berücksichtigen. Doch ist es in der deutschen Justiz längst Usus geworden, wesentliche Passagen des Spruchs parallel zur Hauptverhandlung zu verfassen.

Die für die breite Öffentlichkeit entscheidende Frage nach der Schuld oder Unschuld von John Demjanjuk beantwortete das Gericht gegen 12 Uhr 30. John Demjanjuk musste sich das Urteil auf Anordnung der Kammer im Rollstuhl sitzend und barhäuptig anhören. Er wurde dafür kurz vor den Richtertisch geschoben, sodass er der Kammer frontal gegenüber saß und den Zuhörern den Rücken zuwandte. Den Tenor des Urteils fasste unser Logbuch in drei knappen Bemerkungen zusammen: „Angeklagter ist schuldig; wird zu 5 Jahren Freiheitsentzug verurteilt; die Kosten sind von Demjanjuk zu tragen."[2] In der Urteilsbegründung, für die der Vorsitzende Richter Alt etwa zwei Stunden benötigte, zeigte sich das Landgericht überzeugt davon, Demjanjuk habe als Angehöriger einer Trawniki-Einheit im Jahr 1943 im Vernichtungslager Sobibór gedient und dabei an der Tötung von fast 28 000 Menschen teilgenommen. Die Richter folgten also im Wesentlichen den Vorwürfen der Anklage.

Bemerkenswert waren einige einleitende Anmerkungen von Alt, die sich auf Verlauf und Umstände der Verhandlung bezogen, zum Beispiel auf die in der Öffentlichkeit häufig gehörte Äußerung, dieser Prozess diene auch geschichtspolitischen – also symbolischen – Zwecken jenseits der Rechtspflege. Alt erklärte dazu:

„Das Gericht hatte nicht deutsche Geschichte aufzuarbeiten [...], sondern einen Strafprozess [zu führen] – nach denselben Regeln, nach denen es dies jeden Tag, jede Woche tut. [...] Es wäre interessant ein Buch zu schreiben, aber das Gericht ist nicht bereit, hierfür eine Bühne zu bieten."

---

[1] Die Schilderung der Geschehnisse des Vormittags nach Benz, Henkersknecht, S. 229 f.; an diesem Vormittag wurde durch den BR kein Logbuch geführt.
[2] Logbuch-Eintrag vom 12. 5. 2011; das Folgende nach ebenda.

Der Richterspruch – ein Ende mit einer Volte 113

Es wurde mithin postuliert, die 18-monatige Hauptverhandlung sei nichts anderes gewesen als die „normale" Anwendung strafrechtlicher Bestimmungen, sowohl formal wie bei der Findung des Strafmaßes und der Klärung der Schuldfrage.

Die Passagen über den Lebensweg des Angeklagten und seinen Eintritt in die Trawniki-Truppe sowie zu Demjanjuks Aufgabe gehörten zu den zentralen Punkten der Tatwürdigung. Unter anderem erklärte Alt dazu: „Jeder, der Trawniki war, wusste, dass er Teil eines eingespielten Apparates war, der nichts anderes bezweckte als die möglichst effiziente Ermordung von Menschen." Demjanjuk sei „Teil dieser Vernichtungsmaschinerie" gewesen. Die von der Anklage vorgelegten Beweise bezeichnete er als überzeugend und als echt; die Fälschungsvorwürfe der Verteidigung nannte er teilweise lächerlich. So fand sich in der Beweiswürdigung etwa der Satz:

„Wenn man alle diese Aussagen und Dokumente zu einem Puzzle zusammenlegt, dann passen die Dokumente [...] genau in dieses Puzzle. [...] Dass sie in einzelnen Daten nicht mit der Urkundenlage übereinstimmen, macht sie insgesamt noch nicht unglaubwürdig."

Scharf und entschieden verwahrte sich Alt schließlich gegen die Vorwürfe von Verteidiger Busch, die Behandlung der sowjetischen Kriegsgefangenen durch die Wehrmacht und die Frage eines eventuellen Befehlsnotstand nicht beachtet zu haben: „Wer das sagt, leugnet die Aussage des Sachverständigen Pohl und die Einführung von [entsprechenden] Dokumenten." Ebenso wies das Gericht schließlich die Ansicht der Verteidigung zurück, Demjanjuk habe sich nach seinem Eintreffen in Sobibór dem Mordgeschehen nicht entziehen können: Eine Flucht sei möglich, ein Fluchtversuch damit auch zumutbar gewesen. Damit sei der Angeklagte in 16 Fällen (jeder Transport nach Sobibór galt als ein Delikt) wegen Beihilfe zum Mord zu verurteilen.

Vorletzter Punkt der Urteilsbegründung war die Erläuterung des Strafmaßes, bei der im Unterpunkt „mildernde Umstände" aufgeführt wurde, der Angeklagte habe sich nicht freiwillig „in der Situation" eines Trawniki in Sobibór befunden und habe auch keinen Einfluss auf die Zahl der Opfer gehabt. Die eigentliche Überraschung der Urteilsverkündung kam für die Zuhörer jedoch am Schluss, als Richter Alt erklärte:

„Es ergeht Beschluss: Nach § 268 b StPO wird der Haftbefehl aufgehoben. Nach Ende der Hauptverhandlung besteht keine Gefahr der Flucht mehr. Eine weitere Untersuchungshaft erscheint nicht verhältnismäßig. Der Angeklagte ist freizulassen."

Diese abschließenden Sätze stellten die Tendenz des Urteils nach laienhafter Ansicht geradezu auf den Kopf. Auch die meisten Nebenkläger traf die Entscheidung des Gerichts, Demjanjuk bis zur Revision durch den Bundesgerichtshof auf freien Fuß zu setzen, „wie aus heiterem Himmel". Da das Gericht unmittelbar nach den eben zitierten Sätzen den Saal verließ, herrschte dort binnen kurzer Zeit stimmliche und sprachliche Konfusion. Die Anwälte der Nebenklage hatten Mühe, ihren Mandanten den humanen Sinn dieser Entscheidung zu erklären. Wir beobachteten vor dem Saal Menschen, die aus Enttäuschung über die Freilassung weinten und ihr Unverständnis äußerten. Ulrich Busch, der in einer Pause der Verkündung noch sein Unverständnis über den Schuldspruch geäußert und einen Revisionsantrag in Aussicht gestellt hatte, war nun sichtlich zufriedener. Er erklärte Demjanjuk den Richterspruch nach Heinrich Wefing mit den Worten „Sie sind ein freier Mann!", worauf dieser ungläubig zurückgefragt habe: „Schlafe ich?"[3] Anschließend stellten sich beide den Fotografen[4]. Nach meiner Erinnerung war es das erste Mal während der gesamten 18 Monate, dass Demjanjuk bei dieser Gelegenheit seine dunkle Brille und die Baseballmütze abnahm und bewusst in die Kameras blickte. Einige Minuten nach dem Ende der Verhandlung erschien auch der Vorsitzende Richter Alt auf dem Flur vor dem Gerichtssaal, plauderte mit einigen der Nebenkläger und beantwortete sogar Fragen von Journalisten. Dabei zeigte er sich erleichtert über das Ende der Hauptverhandlung[5].

2. Urteilsberichterstattung und finale Erschöpfung

Für die mediale Berichterstattung am Tag der Urteilsverkündung fällt mir im Rückblick der Begriff der „Hängepartie" ein, denn nach der kurzen Vormittagssitzung gab es über mehrere Stunden nichts zu berichten. Wir produzierten lediglich die Aktualisierung eines Kurzberichts, der in anderen Worten als am Vormittag die anstehende Urteilsverkündung meldete. Die Wartezeit vertrieben sich die Berichterstatter damit, von Prozessbeteiligten Details zu erfragen, die für den später zu verfassenden Artikel oder Beitrag interessant sein konnten. Angelika Benz beobachtete eine Art Rudelbildung

---

[3] Zit. nach Wefing, Fall Demjanjuk, S. 13.
[4] Eines der Fotos, das bei dieser Gelegenheit entstand, findet sich ebenda, S. 205.
[5] Im Beitrag von Tim Aßmann („Demjanjuk-Prozess: Urteil gefällt") vom Nachmittag des 12.5.2011 findet sich ein O-Ton von Alt, der von „Erleichterung" sprach; das Audiofile des Beitrags ist im elektronischen Beitragsarchiv (DIGAS-Schallarchiv) des BR gespeichert.

der Journalisten um Anwälte und Nebenkläger[6]. Ich glaube nicht, dass dies nur „Beschäftigungstherapie" war, die die eigene Anspannung beiseiteschieben sollte. Zwar war jedem Journalisten klar: Je später an diesem Tag das Urteil verkündet würde, desto mehr Probleme würde es bereiten, Beiträge und Artikel rechtzeitig in die Redaktionen zu liefern. Andruck- und Sendezeiten nahmen wieder einmal keine Rücksicht auf Verzögerungen bei der Rechtsprechung. Doch sollte man bei diesem journalistischen Verhalten Wettbewerbsaspekte nicht unterschätzen. Wenn der Kollege der anderen Nachrichtenagentur oder der Reporter einer anderen großen Tageszeitung arbeitete, war es in einer Ära verschärften Medienwettbewerbs fahrlässig, Müßiggang zu treiben. Vorgesetzte konnten hinterher fragen, weshalb die Konkurrenz Fakten erfahren hatte, die dem eigenen Korrespondenten verborgen geblieben waren. Die Dynamiken, die dieses Denken auslöste, sind für journalistische Laien nur schwer zu durchschauen; sie sollten bei jeder Medienkritik jedoch bedacht werden.

Da die mögliche Verurteilung von John Demjanjuk ein juristisches Novum im deutschen Strafrecht darstellte, war die Berichterstattung an jenem 12. Mai 2011 äußerst breit und ausführlich. So fanden sich zum Tag der Urteilsverkündung im digitalen Printmedienarchiv „Sphinx" etwa 25 Agenturmeldungen. Man kann also von einem erhöhten Niveau des Aktualitätsinteresses sprechen. Allerdings ist zusätzlich zu bemerken: Diese Nachfrage hielt nur kurz an – wie von einem Zündfunken ausgelöst. Die Aufmerksamkeit erlosch binnen kurzem fast komplett. Bei den Nachrichtenagenturen darf man präzisierend feststellen, dass die Berichterstattung binnen weniger Stunden beendet war, was weitgehend an der spezifischen Arbeit im Agenturjournalismus und seiner Kurzzeitbeobachtung liegt. Ein Vergleich des zeitlichen Ablaufs der gerichtlichen Ereignisse mit den Uhrzeiten, zu denen die Kollegen ihre Meldungen in den jeweiligen Systemen ihrer Häuser verbreiteten, zeigte: Es gab hier fast eine gewisse Gleichzeitigkeit. So ist etwa die Unterbrechung der Verhandlung von circa 10 Uhr 30 bis 12 Uhr 30 erkennbar, denn es lässt sich für mehr als eine Stunde (von 11 Uhr 30 bis 12 Uhr 37) eine Pause in der Berichterstattung nachweisen[7]. Ähnliches gilt für den Ablauf der Urteilsverkündung: Erste Eilmeldungen fanden sich fast parallel zum Ablauf der Ereignisse im Gerichtssaal.

---

[6] Vgl. Benz, Henkersknecht, S. 230.
[7] Diese Angaben beruhen auf den Berichten, die in der Zeitungs-/Agenturdatenbank „Sphinx" nachweisbar sind; die Auszählung durch den Verfasser erfolgte am 1.2. 2012.

Die Artikel der Tageszeitungen ähnelten dem Tenor der Agenturmeldungen in dieser Phase sehr. Auch bei ihnen beschränkte sich die Aufmerksamkeit auf ein bis zwei Tage. Ausnahmen bestätigten hier nur die Regel. Die großen meinungsführenden Blätter wie „Süddeutsche Zeitung" und „Frankfurter Allgemeine" widmeten dem Urteil und seinem Hintergrund am 13. Mai 2011 sowohl nachrichtliche Artikel als auch Kommentare. Dies war angesichts der im Großen und Ganzen sehr kontinuierlichen Berichterstattung beider Häuser und der Bedeutung des Prozesses zu erwarten: Es entsprach dem Qualitätsanspruch des klassischen tagesaktuellen Printjournalismus in Deutschland. So veröffentlichte die „Frankfurter Allgemeine Zeitung" den längeren nachrichtlichen Bericht immerhin auf Seite vier. Er gab Urteil und Begründung in geraffter Form wieder und zitierte einzelne Passagen der Aussagen wörtlich, etwa die Bewertung der Wachtätigkeit als Beihilfe zum Mord oder die Einschätzung des Gerichts zur Glaubwürdigkeit von Aussagen und zur Echtheit von Dokumenten aus der ehemaligen Sowjetunion[8]. Als Kuriosität muss verbucht werden, dass es der Artikel unterließ, die Aufhebung des Haftbefehls und die Freisetzung Demjanjuks zu erwähnen. Als Ergänzung der Darstellung im Nachrichtenteil war die „Leitglosse" auf der ersten Seite zu sehen, die das Blatt am gleichen Tag publizierte. Sie verstand sich nicht als Urteilskommentar im engeren Sinn, sondern versuchte, die Bestrafung Demjanjuks mit dem Hinweis auf die geänderten rechtlichen Denkschulen und das große globale Interesse an dem Prozess zu erklären. So hieß es dort unter anderem:

„Hauptankläger war auch die internationale Öffentlichkeit. Demjanjuk steht für vieles und viele, und viele wollten ihn dafür schuldig gesprochen sehen. Klar ist: Hier geht es nicht (mehr) um Resozialisierung, sondern um Sühne und um ein Zeichen."[9]

In einem ausführlichen Artikel, der stellenweise einer Bilanz der gesamten Hauptverhandlung nahe kam, berichtete die „Süddeutsche Zeitung" tags darauf. Der Überblickscharakter zeigte sich durch Textstellen wie: „Es war ein außergewöhnliches Verfahren, an das riesige Erwartungen geknüpft wurden", sowie durch die Wertung, es habe sich um „ein langwieriges Verfahren [gehandelt], das viele Beteiligte zuletzt sogar als quälend empfanden"[10]. Diese Mischform aus Bericht und Analyse erlaubte eine Verbindung von nachrichtlichen Fakten wie der Erläuterung des Urteils mit einordnen-

---

[8] Vgl. Frankfurter Allgemeine Zeitung vom 13.5.2011: „Er hätte fliehen können" (Karin Truscheit).
[9] Frankfurter Allgemeine Zeitung, vom 13.5.2011: „Späte Sühne" (Reinhard Müller).
[10] Süddeutsche Zeitung vom 13.5.2011: „Akt der Befreiung" (Robert Probst/Caroline Ischinger).

Urteilsberichterstattung und finale Erschöpfung 117

den Elementen („Es war der Wunsch der wenigen Überlebenden von Sobibór […], mit dem Demjanjuk-Prozess der Welt endlich die Wahrheit über die Verbrechen in Sobibór nahezubringen") und Beobachtungen vom Geschehen im Gerichtsgebäude.

Der bewertende Kommentar stand bei der „Süddeutschen" auf Seite vier, der „Meinungsseite". Heribert Prantl bezeichnete es als „eine Sensation, dass überhaupt noch eine Strafe verhängt wurde", und nannte die Verurteilung einen „nach Jahrzehnten noch notwendigen Protest der Gesellschaft gegen die Barbarei. Es geht um die Negation der Negation des Rechts." Die Höhe der Strafe sah Prantl rein symbolisch, weil sie den Verurteilten kaum mehr erreiche. Abschließend beschäftigte er sich mit der Justiz: „Sie hat mit der gebotenen Akribie versucht, die Wahrheit zu ermitteln. Die Wahrheit ist zumutbar, auch dem 91-jährigen Greis."[11]

Auch die elektronischen Medien berichteten an diesem Tag in Bild und Ton ausführlich über das Geschehen. Die Tagesschau um 20 Uhr setzte die Meldung vom Urteil auf Platz 1. Für die Radioprogramme der ARD musste ich (wie meine Kollegen auch) wenige Minuten nach Ende der Verhandlung in Live-Gesprächen zunächst mehr oder weniger improvisiert Einschätzungen zum Strafmaß und seinen Konsequenzen formulieren[12]. Da die beiden Kollegen des BR die üblichen Kurz- und Langberichte für den ARD-Hörfunk produzierten, schrieb ich einen Kommentar. Nach meiner Erinnerung war es bereits nach 16 Uhr, als ich mit dieser Arbeit begann – in den Vorab-Ankündigungen war er der ARD bis 17 Uhr als Angebot versprochen worden. Es blieb also nicht viel Zeit zum Nachdenken.

In diesem Meinungsbeitrag wies ich auf die Schwierigkeiten der Justiz hin, drei Generationen nach Ende des Zweiten Weltkriegs mit der Elle des Strafrechts ein Urteil zu fällen. Für den Schuldspruch benutzte ich den Begriff „bahnbrechend"; seine eigentliche Bedeutung maß ich der generellen Wirkung zu:

„Der Prozess hat eine wichtige Funktion erfüllt. Er hat gezeigt, dass die deutsche Justiz guten Willens ist, sich der unsagbaren Verbrechen zu widmen – bis es eben nicht mehr geht. Er stellt den Vorfahren, den Richtern im Ruhestand, ein Armutszeugnis aus. Für die niederländischen Nebenkläger war das geradezu ein befreiender Moment, als sie dies erkannten."[13]

[11] Süddeutsche Zeitung vom 13.5.2011: „Der Stempel der Schuld".
[12] Meiner „Sendestatistik" für das Jahr 2011 zufolge handelte es sich um die Programme HR-1 und HR-Info (Hessischer Rundfunk) sowie um die abendliche Informationssendung des SWR auf SWR-1 (Rheinland-Pfalz).
[13] Rainer Volk, Kommentar – Demjanjuk-Urteil, Hörfunkbeitrag (ARD-Sammelangebot) vom 12.5.2011; das Original des Skripts ist im Besitz des Verfassers.

Allerdings formulierte ich in einer Passage auch Skepsis, was die Mittel des Strafrechts bei der Ahndung von Verbrechen der NS-Zeit angesichts des Abstands zur Tatzeit noch erreichen konnten:

„Wo kein Zeuge und wenige Beweise, da braucht es juristische Kreativität, um ein Urteil zu finden. Doch selbst diese Kreativität gelangt bei der Aburteilung der Judenvernichtung nun langsam an ihre Grenzen. Das hat der Demjanjuk-Prozess gezeigt."

Eindeutig negativ beurteilte der Schriftsteller Ralph Giordano das Urteil von München. In einem Essay für „Die Welt" schrieb er am 16. Mai 2011, der Prozess habe gezeigt, „dass der Rechtsstaat vor der Aufgabe kapituliert, die Täter von einst zur Rechenschaft zu ziehen". Auf seine Erfahrungen als journalistischer Beobachter bei großen NSG-Verfahren wie dem Frankfurter Auschwitz- und dem Düsseldorfer Majdanek-Prozess verweisend fragte Giordano nach der Nicht-Bestrafung der meisten Hauptverantwortlichen und wunderte sich mit Blick auf das Demjanjuk-Verfahren:

„Nach welchem Rechtscode kommen dabei fünf Jahre Haft heraus? Es bleibt die ungeheure Disproportion zwischen der Tötungswirklichkeit von Sobibór und dem Urteil, zwischen den plastischen Schilderungen der Zeugen und dem freien Abgang des Angeklagten aus dem Münchner Gerichtssaal."[14]

Deutlich positiver fiel die Urteils-Kritik von Gisela Friedrichsen im „Spiegel" aus. Ihr Artikel füllte eine Seite; der Text war um ein Foto Demjanjuks herum arrangiert, das diesen nach dem Urteilsspruch zeigte. Zwar war der Beitrag nicht eindeutig als Kommentar gekennzeichnet, aber ein grauer Ringsum-Rahmen setzte ihn deutlich ab von den anderen Berichten. Friedrichsen bilanzierte, der Sinn des Prozesses habe in seiner Durchführung und der Tatsache eines Urteilsspruchs bestanden; diesen Befund stellte sie der Rechtspraxis der 1960er und 1970er Jahre gegenüber. Alleine mit der befreienden Wirkung, die der Prozess für die Nachkommen der Opfer von Sobibór habe, sei seine Bedeutung jedoch nicht erschöpft:

„Er bedeutet eine Zäsur. Der Denkansatz des ehemaligen Amtsrichters Thomas Walther [...] hat in manches von der Gewohnheit umnebelte Juristenhirn wieder Klarheit gebracht. [...] Das Unsägliche bedurfte unzähliger Helfer, die sich ebenfalls schuldig gemacht haben. Vielleicht wollte man diese Hunderttausende nicht einsperren, sondern vergaß ihrer lieber. [...] Damit ist es nun vorbei."[15]

---

[14] Die Welt vom 16.5.2011: „Die zweite Schuld".
[15] Der Spiegel vom 16.5.2011: „Allen war klar, was geschah".

3. Das letzte Urteil? Einige Anzeichen im Jahr 2011

Dieser kommentierende Beitrag beendete die eigentliche Berichterstattung über das Demjanjuk-Verfahren. Es folgten in nächster Zeit lediglich einige mehr oder weniger kurze Agenturmeldungen, zunächst zu den Revisionsforderungen der Prozessbeteiligten[16], dann zu Demjanjuks Einweisung in ein Alten- und Pflegeheim in Bad Feilnbach in Oberbayern. In diesem Zusammenhang versuchten Boulevardblätter wie die „Bild-Zeitung" unter der Überschrift „Die neue Heimat des KZ-Schergen" eine Skandalisierung, indem sie detailliert den Komfort der Einrichtung aufzählten. So biete diese „einen eigenen Wellnessbereich, ein wöchentliches Senioren-Schwimmen und eine Sonnenterrasse. [...] Je nach Pflegestufe kann der Platz dort zwischen 1767 und 2963 Euro monatlich kosten. Kosten, die der Sozialstaat für den verurteilten Nazi-Verbrecher aufbringen muss!"[17] Die Sozialeinrichtungen und die Justiz konnten diesen Aufwand mit Hinweisen auf die rechtliche Lage (Demjanjuks Staatenlosigkeit und seine Hilfsbedürftigkeit) jedoch leicht rechtfertigen. So verstummten diese Meldungen und Berichte nach kurzer Zeit.

Bereits im Juni und in den Folgemonaten des Sommers 2011 gab es faktisch keine Neuigkeiten mehr über den Fall – und damit keine Berichterstattung. Als das Landgericht im Spätherbst 2011 den Prozessbeteiligten seine schriftliche Urteilsbegründung zusandte, fand dies keinerlei Echo in den Medien. Stattdessen beschäftigten sich vereinzelte Berichte bis in den Herbst hinein mit möglichen Ermittlungen in Fällen, die dem Demjanjuks ähnlich waren. Bereits vor dem Beginn der Münchner Hauptverhandlung waren, wie schon erwähnt, weitere Namen und Anschuldigungen gegen ehemalige Trawniki-Männer bekannt geworden. Die geringen Erfolgsaussichten auf neue Verfahren nahmen in diesen Veröffentlichungen zunächst wenig Raum ein. Dabei musste bereits die Zeit, die von der Abschiebung Demjanjuks bis zum Ende der Hauptverhandlung vergangen war – exakt zwei Jahre – nachdenklich machen, ob und wie oft eine ähnliche Prozedur noch denkbar und praktikabel sein konnte. Auch waren die biologischen Grenzen, die die Natur der Strafverfolgung alter Menschen setzt, zu bedenken. Immerhin hatte sich der Überfall der Wehrmacht auf die Sowjetunion im Jahr 2011 zum 70. Mal gejährt.

---

[16] Vgl. z. B. die dpa-Meldung: „Staatsanwaltschaft legt im Fall Demjanjuk Revision ein" (dpa-Basisdienst vom 16.5.2011, 12:22 Uhr); Kopie im Besitz des Verfassers.
[17] Bild-Zeitung (Ausgabe München) vom 23.5.2011: „Die neue Heimat des KZ-Schergen" (Sigi Kiener).

Etwas länger hielt das Echo auf das Urteil in der Fachliteratur an. So gewährte mir die Zeitschrift „Einsichten und Perspektiven", die vierteljährlich von der Bayerischen Landeszentrale für politische Bildungsarbeit herausgegeben wird, in ihrer Ausgabe vom Sommer 2011 Raum zu einer ersten Bilanz. Sehr stark auf den Vergleich ihrer Forschungsergebnisse mit dem Urteilstenor fokussiert war ein Beitrag, den Angelika Benz in der Zeitschrift „Tribüne" (herausgegeben vom Zentrum für Antisemitismusforschung der TU Berlin) publizierte. Sie wiederholte darin weitgehend die in ihrem Buch geäußerten Bedenken, die etwa die wenig bekannten Tätermotive oder den Status der Arbeitsjuden in den Vernichtungslagern betreffen[18].

Die internationale Dimension des Prozesses verdeutlichte schließlich der Essay des amerikanischen Juristen und Publizisten Lawrence Douglas im „Harper's Magazine". Douglas interpretierte das Verfahren als Wende in der deutschen Justiz hin zur Anerkennung von Massentötungen als Verbrechen: „Das Justizsystem brauchte bis 2011, bis es die ebenso einfache wie schreckliche Logik des Vernichtungsprozesses verdaut hatte", hieß es in dem Artikel. Da das Medium, in dem der Essay erschien, ein gebildetes Publikum bedient und den literarischen Journalismus pflegt, reflektierte Douglas auch über das Schweigen Demjanjuks, indem er schrieb: „Shakespeare verstand, dass Stille die letzte Zuflucht eines Kriminellen ist, sein tödlicher Schlag gegen die Gerechten." Das Ende des Prozesses nannte er ein „Ende ohne Ende"[19]. Die Worte sollten sich binnen weniger Tage als prophetisch erweisen, denn am 17. März 2012 meldeten die Nachrichtenagenturen den Tod Demjanjuks. Die Revision des Münchner Prozesses durch den Bundesgerichtshof war damit hinfällig.

---

[18] Vgl. Benz, Einblicke.
[19] Douglas, Ivan the Recumbent, S. 52.

VIII. Thesen – ein Prozess zwischen Zeitgeschichte, Journalismus und Rechtsprechung

1. „Hitler sells". Die Attraktivität des Grauens

Die Berichterstattung über den Demjanjuk-Prozess lässt sich ex post zunächst als weiteres Beispiel dafür begreifen, dass die Konjunktur für NS-Themen ungebrochen ist. Das Phänomen ist zwar seit Jahrzehnten zu beobachten, seit den 1990er Jahren hat sich jedoch die quantitative Produktion sowohl in der Literatur wie auch bei den audiovisuellen Massenmedien nochmals verstärkt. Bücher wie Daniel Goldhagens „Hitlers willige Vollstrecker" wurden zu Bestsellern; im Fernsehen brachten Serien wie „Hitlers Helfer" Quoten-Erfolge. Die Feststellung „Hitler sells" wird von den Verkaufszahlen von Zeitschriften, Büchern, DVD und Kinobillets unentwegt bestätigt. Angesichts der sich ständig vergrößernden Entfernung zum Geschehen scheint die anhaltende Attraktivität des Themas zunächst befremdlich. Jenseits aller psychologisierenden Deutungen muss hier zunächst gesagt werden, dass es bei den Produzenten die Erwartung sicheren Erfolgs gibt. Beides – Interesse und kommerzielle Erwartungen – gehören zusammen. Sie scheinen mitunter kreislaufartig.

Die Belastbarkeit dieser These kann man am Demjanjuk-Verfahren exemplarisch überprüfen. Als Beispiel ist hier die Etikettierung des Beschuldigten als „NS-Verbrecher" zu nennen, die bei genauerem Hinsehen – wie Lawrence Douglas bemerkte – höchst zweifelhaft war. Douglas hielt es für problematisch, den Münchner Prozess als „last great Nazi war-crimes trial" zu bezeichnen; dies führe „fast in jeder Hinsicht in die Irre", denn es sei weder um Kriegsverbrechen gegangen noch habe die Anklage Demjanjuk als Nazi bezeichnet[1].

Es war weiterhin auffällig, dass die Höhepunkte der Berichterstattung über den Prozess stets mit entscheidenden äußeren Impulsen verbunden waren. Es gab – einfach gesprochen – immer dann viele Berichte, wenn etwas passierte. Die erste Spitze der medialen Aufmerksamkeit lag daher in den Wochen, in denen über die Ausweisung Demjanjuks in die Bundesrepublik entschieden wurde (etwa von Mitte März bis Mitte Mai 2009). Der zweite Höhepunkt lässt sich in den Wochen vor und nach der Eröffnung der

---

[1] „A designation that misleads on almost every count"; ebenda, S. 45.

Hauptverhandlung (Mitte Oktober bis Dezember 2009) ausmachen, während das Thema in den folgenden circa 16 Monaten in den Medien nur noch wenig präsent war. Erst in der letzten Phase des Prozessgeschehens (von Ende März bis Mai 2011) konnten sich die Geschehnisse im Münchner Gerichtssaal nochmals in der Konkurrenz gegenüber anderen Themen durchsetzen, um unmittelbar nach der Urteilsverkündung dann endgültig zu verstummen. Die eigentlich wichtigste Phase einer Verhandlung – die Beweisaufnahme – fand dagegen die geringste Beachtung, weil das Geschehen eines Dokumentenprozesses für die Öffentlichkeit wenig Spannung hatte und schwierig zu schildern war.

Der inhaltliche Schwerpunkt der Berichterstattung lässt sich am besten mit der Formel „Konzentration auf die Verbrechen" beschreiben, während die Problematik der Motivforschung vernachlässigt wurde. Diese Akzentsetzung war besonders für den ersten Höhepunkt im Frühjahr 2009 feststellbar. Gerade die Artikel des „Spiegel" in diesem Zeitraum verrieten mit Überschriften wie „Mord nach Vorschrift" (12/2009) und „Der dunkle Kontinent" (21/2009) sowie mit ihrer Illustrierung, dass es den Autoren in erster Linie um eine vertiefende Darstellung der Vorwürfe ging und sie die Tatausführung detailliert schildern wollten. Die interessante Frage der Motive kam dagegen nur kurz zur Sprache. Die plausibelste Erklärung dafür dürfte sein, dass zwar das Ausmaß der Verbrechen in den Konzentrationslagern bekannt war, nicht aber die individuellen Handlungsimpulse der Täter – insbesondere nicht für die Gruppe der Trawniki. Dazu war sowohl über die Forschungsliteratur und als auch über die Zeitzeugen und Fachleute wenig zu erfahren. Also stützten sich die Beiträge in den Medien eher auf Angaben aus dem Umfeld der Ermittlungsbehörden – die wiederum kaum etwas über die Motivlage der Täter wussten.

Man wird das Demjanjuk-Verfahren zumindest in der Phase der Eröffnung der Hauptverhandlung als Ereignis bezeichnen müssen, das sich journalistisch für kurze Zeit aus den herkömmlichen Bahnen der Justizberichterstattung löste und zu einem medialen Event aufstieg. In diesen Tagen behandelten die Journalisten die Geschehnisse im Gerichtssaal ähnlich umfangreich und logistisch aufwändig wie sonst nur Großereignisse der internationalen Politik oder Sportwettbewerbe von weltweitem Interesse. Ein geeigneter Maßstab dafür waren Medientechniken und -formate wie Live-Schaltungen zu den Berichterstattern vor Ort und die häufige Aktualisierung der Berichterstattung.

Aus dem Blickwinkel des Inszenatorischen betrachtet spielte der eigentliche Inhalt des Events für das Füllen eines Medienformats (einer Zeitungs-

"Hitler sells". Die Attraktivität des Grauens   123

seite, einer Nachrichtensendung) sogar eine untergeordnete Rolle. Es war – anders formuliert – egal, ob es sich um einen Gerichtsprozess, ein Flugzeugunglück oder einen politischen Skandal handelte, solange dem Publikum schnelle Berichterstattung geboten werden konnte. Das Personal dafür wird dementsprechend weniger nach dem Kriterium der historischen oder juristischen Kompetenz ausgewählt, sondern vielmehr nach seiner Formattauglichkeit. Das heißt: Es muss gegen den Zeitdruck, den das jeweilige Medium ausübt, resistent sein und bei den elektronischen Medien live-sicher arbeiten können.

Vollends aus der Sphäre der Berichterstattung über Justizereignisse herausgehoben fand sich der Fall Demjanjuk, als sich die Reflexion nicht mehr allein auf der Ebene der – im weitesten Sinne – informierenden Publizistik beschränkte und das Entertainment-Genre erreichte. Dies geschah mit Sicherheit, als die ARD in der spätabendlichen Show mit Harald Schmidt die „Dancing Demjanjuks" präsentierte. Auch die deutsche Uraufführung des bereits 2004 verfassten Theaterstücks „Die Demjanjuk-Prozesse" von Jonathan Garfinkel am Städtischen Theater Heidelberg wäre kaum ohne den Münchner Prozess – im wahrsten Wortsinn – über die Bühne gegangen. Den Rückbezug zu den Geschehnissen im Justizzentrum der bayerischen Landeshauptstadt machte Garfinkel vor der ersten Szene des Stückes explizit in einem „Pro-Prolog" deutlich[2]. Der Sprung auf die Meta-Ebene, der sich hier zeigte, setzte die allgemeine Bekanntheit des Themas voraus. Eventuell zeigt sich hier eine Parallele zu Peter Weiss' berühmtem Drama „Die Ermittlung", das auf den Auschwitz-Prozess zurückgriff. Zweifellos erregte das ältere Stück jedoch mehr öffentliche Aufmerksamkeit (es steht immer wieder auf dem Spielplan deutscher Theater), was daran liegen könnte, dass das Verfahren das bedeutsamere war.

Die Internationalität des Verfahrens, mit seinen Anknüpfungspunkten in den USA, Israel, den Niederlanden, Osteuropa und der Bundesrepublik, dürfte ein wesentlicher Faktor gewesen sein, der die einmalige Bandbreite der Medienaufmerksamkeit erklärte. Fast ebenso wichtig war auch der 50. Jahrestag des Bestehens der Zentralstelle Ludwigsburg. Er bereitete der Thematik bis zu einem gewissen Grad den Boden. Ein drittes Element, das zu bedenken ist, wäre schließlich noch die „Finalität" der Vorgänge: Das Etikett, „einer der letzten" oder gar „der letzte" große NS-Prozess zu sein, der Gedanke, letztmalig in den Stand gesetzt zu werden, einen über mehrere

---

[2] Vgl. Jonathan Garfinkel, Die Demjanjuk-Prozesse, aus dem Englischen von Frank Heibert, deutsche Erstaufführung am 31.3.2010; dem Verfasser liegt die Arbeitsfassung des Stücks, Stand 23.3.2010 als kopiertes Skript vor.

Generationen behandelten Verbrechenskomplex journalistisch abdecken zu können, dürfte stark stimulierend auf die Medien gewirkt haben. Auch hier könnte man letztlich auf urmenschliche Reflexe verweisen, mit denen etwa die Konsum-Werbung seit vielen Jahrzehnten erfolgreich arbeitet, wenn sie ein knappes Angebot einer Ware suggeriert („letzte Vorstellung", „letzte Gelegenheit", „nur noch Rest-Exemplare").

Um den Lockruf der „letzten Möglichkeit" auch auf die Verbrechen des Holocaust anwenden zu können, brauchte es zweifellos ein öffentliches Epochen-Bewusstsein und das Gefühl, in der Vergangenheit eine Aufgabe nur unzureichend erfüllt zu haben. Diese Autosuggestion einer wahrscheinlich „letzten Chance" verstellte teilweise den Blick auf die Singularität des Verfahrens, die in der mit der Schuldfrage verknüpften Problematik der Handlungsspielräume eines kleinen Tatgehilfen begründet war. Bereits die häufig benutzte Formel des „NS-Verbrechers" verkürzte diese Problematik auf sehr fragwürdige Weise, postulierte sie doch Gedanken und Motive, über die während des Prozesses so gut wie nichts bekannt wurde. Es muss also bilanzierend daran gezweifelt werden, ob die Berichterstattung den eigentlichen historisch-juristischen Kern des Verfahrens richtig erfasste und diesen, abgesehen von wenigen Ausnahmen, in den Mittelpunkt der Aufmerksamkeit stellte. Stattdessen konzentrierte sie sich auf Äußerlichkeiten des Prozessverlaufs, vor allem auf das Verhalten des Angeklagten und seines Wahlverteidigers. Die Prämissen der Anklage, beispielsweise der unterstellte Antisemitismus Demjanjuks, wurden dagegen mit sehr wenig Distanz an das Publikum weiter vermittelt und nur selten explizit erwähnt.

2. Der stete Kampf gegen das Weltgeschehen: Zur Konjunktur eines Themas

Am leichtesten scheinen es die Berichterstatter in der Frühphase des Strafverfahrens gehabt zu haben, also im Frühjahr 2009; in diesen Wochen fand sich eine große Vielfalt an Medienangeboten. Die Aktualität eines für das Publikum neuen Themas dürfte zusammen mit der leicht zu allgemeiner Aufmerksamkeit führenden NS-Geschichte die wichtigste Erklärung für diese erste „Lawine" an Beiträgen sein. Ebenso leicht fällt es, die zweite Welle zum Prozessauftakt im Herbst sowie die gesteigerte Präsenz der Berichterstattung zur Urteilsverkündung zu begründen. In diesen Augenblicken war „Showtime" – es galt, ein Spektakel abzubilden, das zum Teil mitinszeniert wurde. Dabei handelte es sich jedoch bei näherem Hinsehen um eingespielte Medienrituale wie sie bei vielen Strafprozessen zu beobachten sind. So wurde im Zeitraum unmittelbar vor Eröffnung der mündlichen Verhandlung die Geschichte der Tat und des Täters erzählt. Mit Beginn der Beweiserhebung war praktisch alles gesagt oder geschrieben. Zum Ende der Verhandlung griffen die Reporter den Verlauf der Verhandlung wieder auf und fassten die Strafanträge der Prozessbeteiligten zusammen. Den wichtigen Mittelteil, im Fall Demjanjuk circa drei Viertel aller Verhandlungstage, verfolgten dagegen nur wenige Medienvertreter.

Es ist im Rückblick bemerkenswert, wie wenig sich auch ein von höchster öffentlicher Aufmerksamkeit begleitetes Verfahren wie das gegen John Demjanjuk aus den vorgefertigten Schemata lösen konnte. Praktisch mit Beginn der Beweisaufnahme begann die mediale Neugier nachzulassen. Die Auftritte der wichtigsten Zeugen in dem Prozess und der Sachverständigen zur Echtheit des Dienstausweises konnten diese generelle Tendenz zwar noch für kurze Zeit (zwei bis drei Tage) abschwächen. Doch selbst die wenigen Medien, die diese Aussagen in Berichten reflektierten, gewährten diesen Beiträgen weniger Raum als dies zum Auftakt der Hauptverhandlung der Fall war.

Zeitweilig entstand im Jahr 2010 der Eindruck, die Medien hätten ihre Reporter vom Prozess abgezogen. Die mediale Wirklichkeit, soweit sie der Autor selbst erfahren hat, war jedoch komplizierter: Den Journalisten, die der Verhandlung folgten, gelang es nicht, medien-intern genügend Aufmerksamkeit zu gewinnen, um sich gegen andere Themenangebote durchzusetzen. Eine Ausnahme bildeten Krisen wie die drohende Verhandlungsunfähigkeit des Angeklagten, der Jahrestag der Auslieferung im Mai 2010 oder der Jahrestag des Prozessbeginns. Bei dieser Gelegenheit war sogar eine – dezente – Medienkritik möglich. So erklärte der Autor in einem für die ARD vorbereiteten Kommentar:

„Der Trubel ist vorbei. Saßen zu Beginn des Prozesses Ende November 2009 noch fast 300 Reporter im Gerichtssaal, so geht der Fall inzwischen unter. Am vergangenen Mittwoch, dem bisher letzten Verhandlungstag, verloren sich neben wenigen Journalisten keine 20 Zuhörer im Saal. Das erklärt sich nicht nur mit der kurzen Aufmerksamkeitsspanne der Öffentlichkeit."[3]

Über Wochen und Monate gerann die Anwesenheit der Berichterstatter damit zur reinen Fleißaufgabe. Journalisten, die sich keine Chancen ausrechneten, ihre Angebote platzieren zu können, unterzogen sich der quälenden Langsamkeit des Geschehens dagegen nicht mehr.

---

[3] Rainer Volk, Kommentar 1 Jahr Auslieferung Demjanjuk, ARD-Angebot vom 11.5.2010; Original im Besitz des Verfassers.

Auf einer Zeitgraphik, die Fallverlauf und Berichtsquantität zu verknüpfen versuchte, ergäbe sich für die Berichterstattung insgesamt betrachtet vermutlich ein unproportioniertes W, dessen zweiter Schenkel etwas länger und schräger wäre, da zwischen dem zweiten und dem dritten Höhepunkt mehr Zeit verging als zwischen dem ersten und dem zweiten.

Es sei nebenbei bemerkt: Auch der Versuch, Allianzen zu schließen, insbesondere mit den Kollegen der Nachrichtenagenturen, brachte nur geringen Erfolg bei der Bekämpfung der Routine und erreichte die letztendlich für die Veröffentlichung zuständigen Redaktionen kaum. Zwar konnten wir am Jahrestag der Prozesseröffnung mithilfe einer abgesprochenen, zeitlich um einige Tage vorausgehenden Berichterstattung bei dpa eigene Angebote bei den ARD-Sendern platzieren. Doch blieb diese „konzertierte Aktion" eine Ausnahme – nicht zuletzt, weil auch die Agenturkollegen aus Gründen der Arbeitsverdichtung den Prozess nicht dauerhaft verfolgen konnten. Sich den tradierten Schemen der Berichterstattung ganz zu entziehen und diesen (einmaligen) Prozess wirklich kontinuierlich zu beobachten, ließen die Zwänge der kommerzialisierten Medienkommunikation offensichtlich nicht zu.

3. Ein Greis im Nebel. Defizite der Berichterstattung

Um dem sehr speziellen Thema der Trawniki gerecht zu werden, hätte es einer beträchtlichen historischen Vorbildung bedurft. Dazu ist erstens anzumerken, dass bereits die Holocaust-Forschung kein Bereich ist, der zur Allgemeinbildung gehört, denn die erheblichen Fortschritte der vergangenen beiden Jahrzehnte gingen und gehen mit einer Spezialisierung einher, die von der Öffentlichkeit kaum mitverfolgt wird. Die zweite wünschenswerte Voraussetzung für eine adäquate Prozessberichterstattung wären juristische Grundkenntnisse. Sie erleichterten es, sich in einer Strafgerichts-Verhandlung zurechtzufinden und sich von den unterschiedlichen Verhaltensweisen und Interessen der Prozessbeteiligten nicht irreführen zu lassen. Als der Verteidiger mit einer Verfassungsbeschwerde drohte, wäre das leichter einzuordnen gewesen; seine Hinweise auf Urteile des Europäischen Gerichtshofs für Menschenrechte hätte man zur Kenntnis genommen, ohne voreilige Analogschlüsse zum Fall Demjanjuk zu ziehen. Gleiches galt auch bei fehlerhaften Bezugnahmen auf Gesetze und Vorschriften, wie dies wiederholt im Prozessverlauf vorkam.

Im Nachhinein ist feststellbar, dass kein Journalist wirklich auf beiden Feldern gleich bewandert war und wir häufig untereinander – kollegial –

Ein Greis im Nebel. Defizite der Berichterstattung 127

die Wissensunterschiede ausglichen: historisch versierte Kollegen halfen den Justizberichterstattern und umgekehrt. Trotzdem waren wir als Journalisten von weiteren Informationsquellen abhängig. Ohne Hinweise auf die verstreute Fachliteratur durch einzelne Beobachter, ohne Material aus den Verfahrensakten, das einzelne Prozessbeteiligte in Kopie zur Verfügung stellten, und ohne eingehende, fortlaufende Gespräche mit ihnen, wäre eine informative und inhaltlich korrekte Berichterstattung unmöglich gewesen. Unter diesen Voraussetzungen ergaben sich selbstverständlich Parteilichkeiten und Möglichkeiten der Manipulation, die sicher nicht unproblematisch waren. So meldete die Nachrichtenagentur dapd – deren Reporter nur wenige Tage vor Ort waren – am 11. Mai 2011, also geradezu in letzter Minute, es sei ein Gutachten des OSI aufgetaucht, in dem der umstrittene Dienstausweis Demjanjuks als Fälschung bezeichnet werde[4]. Die Echtheit und den Wert dieses Gutachtens zu beurteilen, fehlten vor Ort die Ressourcen. Als einziges Hilfsmittel blieb die Rückfrage bei weiteren Prozessbeteiligten mit der Bitte um eine Einschätzung. Dieses „audiatur et altera pars" erwies sich mehrfach als beste Methode, um Fehler in der Bewertung des Prozessverlaufs zu vermeiden.

Die eingangs erwähnten Defizite bei der Anbindung an die Fortschritte der Holocaust-Forschung waren jedoch nicht nur bei den Beobachtern auf den Pressebänken zu beklagen, sondern auch bei den Prozessbeteiligten. Die Einvernahme des historischen Sachverständigen Dieter Pohl glich daher zeitweilig einem zeitgeschichtlichen Oberseminar. Richter und – insbesondere – der Wahlverteidiger gerieten zeitweise in die Rolle interessierter beziehungsweise meinungsstarker Studenten, wobei der Sachverständige als „oberste Instanz" über den Wert bereits gefasster Meinungen entscheide sollte. Dass Historiker indes anders an die Wirklichkeit in den Vernichtungslagern herangehen als Juristen wurde bereits erwähnt. Umso mehr verwunderte es daher, dass das Gericht keinen Versuch unternahm, diese methodischen Unterschiede klarzumachen und die differenzierten Aussagen des Sachverständigen im Urteil stattdessen fast durchgehend zuspitzend interpretierte. Da auch die Prozessparteien keine differenzierten Schlüsse aus dem Gutachten von Pohl und seinen Aussagen in der Hauptverhandlung zu ziehen vermochten, durfte es kaum überraschen, dass auch die Auswahl an Fakten, die die Medien zu dem Auftritt vornahmen, sehr willkürlich und keineswegs vollständig waren. Zudem bewegte sich Pohl wissenschaftlich auf hohem Niveau und versuchte, bei nur unzureichend erforschten Details keine Meinung zu

---

[4] Logbuch-Eintrag vom 11.5.2011.

äußern, die fachlich anfechtbar gewesen wäre. Diese in Historikerkreisen durchaus übliche Methodik war für die auf zuspitzende und definitive Aussagen hoffenden Medien ebenso undankbar wie schwer darzustellen.

Vollends unmöglich wurde eine sachgerechte Berichterstattung in dem Augenblick, in dem sich die Prozessvertreter auf Quellen beriefen, die Teil der Gerichtsakten waren. So fand in den Disputen zwischen Verteidigung, Nebenklägern und Gericht immer wieder der so genannte Sydnor-Report Erwähnung – ein von dem amerikanischen Historiker Charles W. Sydnor angefertigtes Gutachten in einem von den Vereinigten Staaten gegen Demjanjuk angestrengten Ausweisungsverfahren im Jahr 2000[5]. Da es lange Zeit hieß, das Gericht wollte Sydnor als Sachverständigen laden, hatten einige Journalisten das Dokument gelesen. Dann jedoch entschloss sich die Strafkammer anders und beließ es dabei, das Gutachten für seine Urteilsfindung in einer deutschen Übersetzung zu den Akten zu nehmen[6]. Die Lektüre war somit nur noch als Hintergrundwissen nutzbar, nicht jedoch für die Berichterstattung. Doch nahmen ganz offensichtlich nur sehr wenige Journalisten die Strapaze der Fachlektüre auf sich – vor allem bei den auf das schnelle Geschäft des Nachrichtenjournalismus spezialisierten Kollegen waren daher Wissenslücken über das Geschehen in Sobibór, den Status der Trawniki und den allgemeinen Stand der Forschung spürbar. Die Berichterstattung konnte nicht das Niveau erreichen, das angesichts der Problematik nötig gewesen wäre.

Ähnliche Kritik müsste man auch in strafrechtlicher Hinsicht üben. Bereits die Anklageschrift ließ erkennen, dass sich das Verfahren in einem Grenzbereich bewegte, wurde doch die zuvor herrschende Lehrmeinung zur Straffreiheit der „kleinsten Rädchen" im Holocaust-Tatgeschehen im Demjanjuk-Verfahren bewusst ignoriert. Vor allem die „Fabrik-Theorie", mit der Thomas Walther das Tatgeschehen in Sobibór zu erfassen suchte, war von großer Bedeutung, weil sie den Einzeltäter-Nachweis praktisch beiseite schob und den Tatbestand der Mordbeihilfe neu definierte. Sicher gehörte es zu den grundlegenden Aufgaben der Berichterstattung, auf die weit reichenden Konsequenzen dieses neuen Ansatzes hinzuweisen. Doch zeigte die Analyse der Medien, dass diese Grundsatzfrage kaum behandelt wurde. Dabei wäre dies umso bedeutsamer gewesen, als das Gericht im Urteil von einem normalen Strafverfahren sprach. Die fast paradoxe Diskrepanz

---

[5] United States District Court for the Northern District of Ohio, Eastern Division, Case No. 1:99CV1193: Expert Report of Charles W. Sydnor jr.; Kopie im Besitz des Verfassers.
[6] Logbuch-Eintrag vom 18.3.2011.

dieser Aussage zu den Ansichten anderer Beteiligter blieb in der Berichterstattung unerwähnt.

Ebenso fand die ungewöhnlich niedrige Strafforderung des Anklagevertreters in den Berichten, die den Prozess begleiteten, kaum Erwähnung. Als das Urteil den Antrag im Strafmaß noch unterbot, erregte das erneut kein Befremden. Die beiden einzigen Kommentare in der „Süddeutschen Zeitung" und der „Frankfurter Allgemeinen Zeitung" hielten sich nur kurz damit auf, dass das Gericht ziemlich tief am unteren Ende der möglichen Strafe geblieben war. Dabei hätte man zumindest fragen dürfen, ob die Richter vom Inhalt der Anklage gänzlich überzeugt waren.

4. Bloß nicht zu scharf werden? Journalismus und Justizkritik

Es kam nur selten vor, dass sich die Medien in diesem Prozess kritisch über das Verhalten der Münchner Justiz äußerten. Insgesamt beschränkten sich offene Hinweise auf Missstände auf die Phase ganz zu Beginn und das letzte Drittel der Berichterstattung. Im gesamten ersten Teil der medialen Abbildung des Themas, das heißt vom allerersten Aufgreifen des Falles bis zur Eröffnung der Hauptverhandlung, wurde lediglich der frühere Umgang der Justiz mit den NSG-Verfahren negativ dargestellt. Am sichtbarsten war dies in den Berichten zum fünfzigjährigen Bestehen der Ludwigsburger Zentralstelle Ende 2008. Geradezu klassisch in ihrer klischeehaften Kategorisierung (wenige Aufrechte kämpfen gegen ein unwilliges System) berichtete bei dieser Gelegenheit die Wochenzeitung „Freitag":

„,Ludwigsburg' steht für Zivilcourage und Moral in Amtszimmern ebenso wie für dramatische bürokratische Hemmnisse. ‚Ludwigsburg' bedeutet für viele Opfer und ihre Hinterbliebenen der [sic!] Anfang vom ‚anständigen Deutschland', das sie in der Bundesrepublik zu sehen bereit sind."[7]

Getadelt wurde also ein nicht mehr aktuelles Verhalten der Justiz, während man die Annahme des Falles Demjanjuk durch deutsche Behörden positiv sah.

Dieses Einst-Jetzt-Schema durchbrach die Berichterstattung lediglich an einem Punkt: nämlich als es so aussah, als zeige die Staatsanwaltschaft München wenig Initiative, die von den Ludwigsburger Ermittlern übersandten Akten auszuwerten, um die dann folgenden Schritte (Haftbefehl, Zwischenverfahren und so weiter) einzuleiten. Die daraufhin erscheinenden Beiträge erweckten den Eindruck, sie wollten die Behörde in eine

---

[7] Freitag vom 28.11.2008: „Aufrechte Juristen" (Jochen Faber).

"Verteidigungsstellung" drängen. So stellte sich die „Süddeutsche Zeitung" im Februar 2009 implizit auf die Seite des Leiters der Ludwigsburger Zentralstelle, Schrimm, und befragte kritisch den Sprecher der Staatsanwaltschaft München I. Wenn bei dieser Gelegenheit unter anderem von „hadernden Staatsanwälten" zu lesen war und auf ein Urteil des Bundesgerichtshofs hingewiesen wurde, das in „ungewöhnlicher Geschwindigkeit, binnen weniger Tage" gefällt worden sei, so beinhalteten Wortwahl und Zitatausschnitte eine Kritik, die in Sätzen wie „die widerwilligen Münchner waren doch zuständig" an Eindeutigkeit kaum zu übertreffen war[8]. Generell galt jedoch: Die Medien reagierten eher positiv auf die Bemühungen der Justiz, Demjanjuk in Deutschland vor Gericht zu stellen. Sie hielten diese Generallinie im Wesentlichen bis zur Eröffnung der Hauptverhandlung aufrecht. Zwar waren explizite Kommentare selten, doch machte die Berichterstattung ziemlich eindeutig klar: Man ging von einer historischen und juristischen Notwendigkeit des Prozesses aus.

Eher skeptische oder gar ablehnende Meinungen fanden sich in dieser Phase nur dann, wenn der Wahlverteidiger Demjanjuks in einem Artikel Stellung bezog, wenn vereinzelte außen stehende Persönlichkeiten wie der auch durch einen Film über den „Sobibór-Aufstand" hervorgetretene Regisseur Claude Lanzmann interviewt wurden oder wenn der für Rechtsfragen zuständige Redakteur der „Frankfurter Allgemeinen Zeitung", Friedrich Schmidt, auf die lange vorherrschende Meinung der Strafjustiz – auch bezüglich Sobibór und die Problematik der Trawniki – hinwies[9]. Insgesamt waren diese Stimmen jedoch nur eine Ausnahme. Das mehrheitliche, stille Einvernehmen mit der Vorgehensweise der Justiz wurde erst bei der Berichterstattung über den Prozessauftakt kurz erschüttert. Die mangelhafte logistische Vorbereitung des ersten Tages der Hauptverhandlung quittierten die Medienvertreter mit regelrechter Empörung; vor allem die „Demjanjuk Sammelzone" vor dem Eingang des Justizgebäudes und der stundenlange Kampf um einen Platz im Gerichtssaal führten zu Berichten, die das nötige Gespür der Behörden für das Besondere der Situation bezweifelten.

Die „Frankfurter Allgemeine" schrieb zum Beispiel am darauf folgenden Tag:

„Die internationale Presse wundert sich. ‚Was hier passiert, ist undeutsch', sagt ein Tscheche, und Kollegen aus Frankreich, Russland und den Niederlanden stimmen

---

[8] Süddeutsche Zeitung vom 20.2.2009: „Jeder Monat zählt" (Joachim Käppner/Robert Probst).
[9] Vgl. Frankfurter Allgemeine Zeitung vom 4.7.2009: „‚Treppenwitz' – oder späte Aburteilung eines ‚Hilfswilligen'".

ihm zu. In Deutschland, gibt ein nobler Brite zu bedenken, sei nichts ohne einen Hintergedanken derart schlecht organisiert."[10]

Dass die Münchner Justiz die Eitelkeit eines Berufsstands sträflich unterschätzt hatte, ließ ein weiterer Artikel vermuten, der am 2. Dezember 2009 in der „Süddeutschen Zeitung" publiziert wurde. Der Text gab ausführlich die Selbstkritik des Präsidenten des Landgerichts München II wieder; die Oberzeile der Überschrift sprach von einem „skandalösen Prozessauftakt", die Überschrift selbst lautete „Gerichtspräsident entschuldigt sich für Pannen"[11]. Mehr Verständnis als für das Warten vor dem Justizzentrum am 30. November 2009 brachte die Autorin für die Entscheidung auf, nicht in einem größeren Saal außerhalb des Gerichtskomplexes zu verhandeln.

Weil sich die überwältigende Mehrheit der journalistischen Beobachter sehr lange konform zur Linie der Anklage verhielt, fiel es bis in den Herbst/Winter 2010/11 umso mehr auf, wenn ein Beitrag gleichsam gegen den Strich gebürstet war. Für das Demjanjuk-Verfahren wird man dies vor allem für einen Essay von Lukas Hammerstein feststellen können, der im Februar 2010 in der „Zeit" erschien. Hammerstein war zu diesem frühen Zeitpunkt der einzige, der nicht über die Vernachlässigung der Presse-Öffentlichkeit klagte, sondern sich auf die Absurdität des täglichen Prozessgeschehens konzentrierte und Gespür bewies für die sich anbahnende Mühsal eines Dokumentenprozesses. Im Zentrum seines Textes stand das historische Unverständnis der Prozessbeteiligten, das sich in den Fragen an die niederländischen Nebenkläger äußerte. Die fragwürdigen Maßstäbe der journalistischen Zuhörer des Geschehens spießte Hammerstein mit dem Satz auf:

„Was die Journalisten aufregt, ist nicht, dass der Verteidiger den Angeklagten zum Opfer stilisieren oder die Trawniki auf eine Stufe mit Juden aus den Sonderkommandos stellen will – es ist das Chaos vor dem Gerichtsgebäude am ersten Verhandlungstag."[12]

Die Brüchigkeit der juristischen Grundlage, zumindest deren tiefere Problematik, erschloss sich den Medien erst im Lauf der Monate – und dann nur denjenigen, die regelmäßig auf den Pressesitzen Platz nahmen. Es scheint im Nachhinein so, als hätten die Journalisten ebenfalls eine Art Einarbeitungszeit benötigt, um alle Facetten des Falles zu begreifen. Mustergültig war

---

[10] Frankfurter Allgemeine Zeitung vom 1.12.2009: „Auf der Schwelle" (Hubert Spiegel).
[11] Süddeutsche Zeitung vom 2.12.2009: „Gerichtspräsident entschuldigt sich für Pannen" (Susi Wimmer).
[12] Die Zeit vom 11.2.2010: „Das sentimentale Gericht" (Lukas Hammerstein).

dafür ein Beitrag von Robert Probst in der „Süddeutschen Zeitung", der allerdings – im Gegensatz zu fast allen anderen Berichten zum Prozessfortgang – nicht im Nachrichtenteil erschien, sondern im Feuilleton. Probst berichtete darin über eine Tagung von Wissenschaftlern in Berlin zum Alltag der Täter in den nationalsozialistischen Lagern. Unter anderem vertiefte er die Quellenproblematik, die es für diese Tätergruppe gibt, und wies auf das Manko noch ausstehender Forschungsarbeiten hin[13]. Letztlich rüttelte der Artikel am historisch-wissenschaftlichen Fundament, auf dem die Münchner Justiz ihre Anklage aufgebaut hatte.

Erst im Verlauf der Verhandlung artikulierte sich dieses Problembewusstsein häufiger. Doch blieb es überwiegend bei einer Kritik an Symptomen wie dem zähen Fortgang der Beweisaufnahme. Da sich die Berichterstattung zudem inzwischen mit dem Problem konfrontiert sah, in der Themen-Konkurrenz nur noch wenig Raum für eine breitere Darstellung zu erhalten, konzentrierte sie sich auf Anlässe wie den ersten Jahrestag der Verhandlungseröffnung. Wenn die „Süddeutsche Zeitung" den Prozess bei dieser Gelegenheit in der Überschrift als „ruhendes Verfahren" bezeichnete und im Text detailliert den Vorgang einer Urkundeneinführung schilderte, so mochte sich das lustig lesen und die Verzweiflung des Autors kanalisieren – aber den bedenkenswerten Kern der Problematik traf es nicht[14]. Der bestand eher in der Frage, ob es überhaupt mithilfe eines solchen Verfahrens nach fast sieben Jahrzehnten noch gelingen konnte, die Schuld oder Unschuld eines Menschen zu klären. Doch zeigten auch andere Berichte: Grundsätzlich sprach niemand dieses Problem an. Allenfalls gab es Andeutungen, wie etwa in einem Hintergrundbericht der Nachrichtenagentur Reuters, in dem es hieß, das Gericht stelle sich diese Frage eventuell intern selbst und verhandele deshalb so lange. Wie es sich für eine (traditionell meinungsscheue) Agentur gehörte, formulierte Reuters den Konflikt sehr gewunden: „Manche Juristen halten es [...] für möglich, dass Richter Ralph Alt letztlich eine Entscheidung scheut."[15]

Es waren mithin durchaus Anzeichen für eine innere Distanzierung der Reporter vom Geschehen im Gerichtssaal und einer Reflexion über die Ursachen der manifesten Probleme zu erkennen – doch erst sehr spät und eher am Rande der Berichterstattung. Umso deutlicher fiel die Kritik am Wahlverteidiger aus. Ulrich Busch machte es den Reportern leicht, den Kopf

---

[13] Vgl. Süddeutsche Zeitung vom 6.7.2010: „Eine Frage der Quellen".
[14] Vgl. Süddeutsche Zeitung vom 29.11.2010: „Ruhendes Verfahren" (Robert Probst).
[15] Reuters-Meldung vom 29.11.2010, 12:50 Uhr: „Demjanjuk-Prozess steckt auch nach einem Jahr fest" (Christian Krämer).

Bloß nicht zu scharf werden? Journalismus und Justizkritik 133

zu schütteln und sich über die zeitaufwändige Art seines Vorgehens im Gerichtssaal zu ärgern. Auch hier wird man bei einer genaueren Untersuchung sicher tendenziell eine zunehmende Aversion feststellen. Allerdings galt in diesem Punkt, dass Symptome und Diagnosen gelegentlich verwechselt wurden. So formulierte die „Welt" im Februar 2011, Gericht und Ankläger seien „erschöpft und entnervt"[16], doch war die Ursache im großen zeitlichen Abstand zur Tat, der zeithistorischen Problematik und den juristischen Grenzen der Beurteilung eines kaum dokumentierten Sachverhalts zu suchen. Dass das Gericht der Verteidigung überaus großen Raum im Gerichtssaal einräumte, hatte nicht nur mit den Vorschriften der Strafprozessordnung zu tun, sondern auch mit der Schwäche der Anklage – und des Anklägers. Angelika Benz kritisierte im Nachhinein, dieser habe die Anklage nicht offensiv vertreten, meist geschwiegen und „auf seine schriftliche Argumentation" vertraut[17].

Die Kritik am Urteil, das am 12. Mai 2011 gesprochen wurde, fiel – wie gesehen – sehr zurückhaltend aus. Die Symbolik einer Bestrafung wurde höher bewertet als der mögliche Subtext des milden Strafmaßes. Damit lässt sich als Fazit von einer insgesamt sehr wohlwollenden Berichterstattung sprechen, die sich fundamentaler Fragen weitgehend enthielt. Als Gründe wäre neben Defiziten in der Qualifikation der Journalisten sicher zu erwähnen: Es handelte sich, erstens, um den Spruch eines gewöhnlichen Landgerichts, das noch eine Revision durch den Bundesgerichtshof fürchten musste. Es wäre nicht ungewöhnlich gewesen, hätte der BGH eine gänzlich andere Rechtsauffassung vertreten und damit das Münchner Urteil annulliert. Zweitens wäre auch zu fragen, ob bereits die Tatsache eines späten Schuldspruchs genügte, um symbolisch die langjährige Praxis der Masse der NSG-Verfahren zu konterkarieren, die Täter frei zu sprechen oder milde Urteile zu fällen. Es könnte sein, dass es den Medien im Fall Demjanjuk schwer gefallen ist, eine Grenze zwischen den alten Verfahren und dem Prozess in München zu sehen; dass zu sehr in Analogien und Gruppen (Täter – Opfer) gedacht wurde und die juristischen Unterschiede zu selten auffielen. Ein letzter Punkt ist aber auch allgemein politischer Natur: Allzu fundamentale Kritik an der Rechtsprechung könnte zu einem Vertrauensschwund der Bevölkerung in die Unabhängigkeit und die Kraft der Justiz führen. Diese Reserve könnte auch auf die langjährige Arbeit vieler Gerichtsreporter in ihrem Ressort zurückzuführen sein. Es wäre durchaus

---

[16] Die Welt vom 17.2.2011: „Geschichtsstunden der fürchterlichen Art" (Peter Issig).
[17] Benz, Henkersknecht, S. 19.

nicht abwegig, dass die Nähe zu den Richtern und den Vertretern der Staatsanwaltschaften eine Atmosphäre schafft, in der offene Kritik kaum mehr möglich ist und die den Blick verstellt auf die Probleme des Justizapparats – Probleme, die etwa durch öffentliche Erwartungen und Erfolgsdruck hervorgerufen werden.

5. Wider die Biologie. Von den Grenzen der Strafverfolgung

Der große Zeitabstand zwischen Tat und Verfolgung schälte sich im Verlauf der Verhandlung als größte Schwierigkeit des Demjanjuk-Prozesses heraus. Dies dürfte der Justiz, insbesondere der Staatsanwaltschaft und dem Gericht, jedoch lange vor Beginn der Hauptverhandlung bewusst gewesen sein, da es schon im Sommer 2009 vereinzelte Bemerkungen zu den Hürden des Verfahrens in den Medien gegeben hatte[18]. Die Aktenproblematik war umso mehr gegeben, als wesentliche Teile des Materials nicht aus bundesdeutscher Überlieferung stammten, sondern in mehreren Erdteilen mühsam zusammengesucht und zu einem möglichst aussagekräftigen Bestand angehäuft werden mussten. Dass einige der Herkunftsländer, vor allem die Sowjetunion und ihre Nachfolgestaaten, keine Archiv-Situation kennen wie sie in westlichen Demokratien üblich ist, muss nicht erläutert werden. Es war zudem von vornherein zu bedenken, dass mit der Anklageerhebung auch der Versuch unternommen wurde, die traditionelle Rechtsprechung umzukehren. Der bereits mehrfach angesprochene Verzicht auf den Einzeltatnachweis bedeutete eine schwer wiegende Umwälzung eines Rechtsprinzips und musste daher besonders durch Fakten und Sachverständigen-Gutachten unterfüttert werden, wobei hier zweifellos den Aussagen von Dieter Pohl und Anton Dallmayer die größte Bedeutung zuwuchs.

Angelika Benz schilderte in ihrem Buch ausführlich, wie unterschiedlich der Historiker und die ihn befragenden Juristen bestimmte Sachverhalte beurteilten und letztlich nicht zu gemeinsamen Schlussfolgerungen kamen. Sie bezeichnete den Dissens bei der Aktenauswertung als kaum überbrückbar, weil der Kontext der historischen Dokumente unterschiedlich bewertet werde[19]. Da die Experten in diesem Verfahren wegen der fehlenden Augenzeugen und der Lücken im Archivmaterial ungleich wichtiger waren als in früheren NSG-Verfahren, wogen diese Differenzen umso schwerer. In diesem Zusammenhang sei kritisch erwähnt, dass zwei wichtige Sachverständige

---

[18] Vgl. Der Spiegel vom 22.6.2009: „Ein ganz gewöhnlicher Handlanger".
[19] Vgl. Benz, Henkersknecht, S. 128.

Wider die Biologie. Von den Grenzen der Strafverfolgung 135

zur Geschichte der Trawniki letztlich nicht in München aussagten, nämlich Charles Sydnor und Peter Black. Die Gründe dafür wurden in der Hauptverhandlung nicht offen diskutiert. Manifest war lediglich, dass Wahlverteidiger Busch Sydnor mehrmals im Verlauf der Sitzungen wegen einer Äußerung abseits seiner akademischen Tätigkeit kritisierte[20]. Ebenso wie im Fall von Peter Black, der vor seiner Tätigkeit als Historiker des *United States Holocaust Memorial Museum* in ähnlicher Funktion für das OSI tätig gewesen war, kann nur vermutet werden, dass das Gericht einem weiteren Konflikt mit der Verteidigung aus dem Weg gehen wollte. Aus der Sicht der historischen Forschung war dies nur zu bedauern, weil damit Pohls Gutachten quasi eine Monopolstellung zuwuchs, die – bei allen Qualitäten des Experten – eine Übergewichtung einer Einzelmeinung nicht ausschloss. In jedem wissenschaftlichen Kontext wäre ein solches Vorgehen kaum vorstellbar gewesen.

Die von Benz und Probst geäußerte Kritik an der Quellenarbeit der Juristen zeigte, wie schwierig es war, die Ergebnisse der Forschung an die Praxis weiterzugeben. Benz berichtete in ihrem Buch von einem geradezu absurden Gespräch, das sie im Februar 2010 mit Staatsanwalt Lutz hatte. Sie habe bei dieser kurzen Begegnung versucht, Lutz auf ein Missverständnis hinzuweisen, das sich bezüglich des Status der Trawniki offensichtlich bei den Prozessbeteiligten eingeschlichen hatte:

„Ich erläutere kurz – wie schon der sachverständige Historiker Dr. Pohl –, dass sowohl die SS als auch die Waffen-SS Parteiorgane gewesen seien und nichts mit der Wehrmacht zu tun gehabt hätten. Er antwortet knapp: ‚Naja, es waren ja doch eher Soldaten, wenn sie zur Waffen-SS gehörten.'"[21]

Dieser Dialog verdeutlichte die Nicht-Kommunikation zwischen beiden Professionen.

Letztlich aber zeigten Verlauf und Ende des Hauptverfahrens gegen John Demjanjuk, dass die Verfolgung von NSG-Straftaten wahrscheinlich an ihre natürlichen Grenzen gelangt ist. Die Justiz mag zwar, pro forma und de jure, zu einem Urteil kommen. Doch steigen die Chancen der Verteidigung selbst bei Ungeschicklichkeit, den Ablauf der Verhandlung so in die Länge zu ziehen, dass ihr Mandant die Folgen eines Urteils kaum mehr spürt. Ulrich Busch handelte nach diesem Muster. Zum Fall John Demjanjuk

---

[20] Noch am letzten Tag seines Plädoyers erklärte Busch, Sydnor sei – gemeinsam mit dem Richter Matia – die „graue Eminenz des Prozesses"; Logbuch-Eintragung vom 11.5.2011.

[21] Benz, Henkersknecht, S. 85.

ist zudem zu ergänzen: Das Urteil der ersten Instanz hatte keine Rechtskraft, denn es stand noch die Revision beim Bundesgerichtshof aus. Diese erledigte sich durch den Tod Demjanjuks. Damit ging der Spruch des Landgerichts München in die Rechtsgeschichte ein, aber dem Angeklagten blieb der Makel erspart, endgültig verurteilt worden zu sein.

Ein letzter Punkt ist die Pflicht der Gerichte – wie es die Urteilsbegründung des Landgerichts München II hervorhebt –, ein Strafmaß zu finden, das dem Angeklagten nach der Verbüßung der Strafe ein Lebensende in Freiheit ermöglicht. Was kann das im Jahr 2012 bedeuten, bei Taten, die vor nunmehr etwa sieben Jahrzehnten begangen wurden? Letztlich bleibt der Justiz hier nur der Hinweis auf die Symbolik einer Bestrafung – und sei es wegen der Leiden der Opfer und ihrer Hinterbliebenen.

6. Salomonisches Urteil – vom Ende eines Kapitels

Der Demjanjuk-Prozess wurde bereits vor seinem Beginn häufig als letzter seiner Art – in manchen Fällen auch als „einer der letzten" – bezeichnet. Dieser Grundtenor, den man als soziale Selbstreflexion umreißen kann, hielt sich über die gesamte Verfahrensdauer. Ohne Zweifel sprachen viele Indizien dafür, dass diese Einschätzung weitgehend korrekt war. Zumindest bestätigte das Verfahren die Skepsis, eine Ahndung staatlich organisierter Massenverbrechen aus der NS-Zeit werde künftig kaum mehr praktikabel sein. Die im Umfeld des Demjanjuk-Verfahrens erörterten Beispiele sind in dieser Hinsicht relativ eindeutig. So berichtete die „Süddeutsche Zeitung" zwar wenige Tage nach der Urteilsverkündung von Überlegungen der Ludwigsburger Zentralstelle, weitere Vorermittlungen in ähnlichen Fällen voranzutreiben[22]. Weitere drei Wochen später, Mitte Juni 2011, bestätigte die Münchner Staatsanwaltschaft jedoch die Einstellung der Ermittlungen in einem der genannten Fälle, weil sich „nach monatelanger Prüfung kein hinreichender Tatverdacht [...] ergeben habe"[23]. Diese Einschätzung setzte die „Süddeutsche Zeitung" wenige Tage später in den Gesamtzusammenhang und urteilte mit dem Satz: „Diese Hoffnung wurde nun erstmals enttäuscht – und das vom Demjanjuk-Ankläger persönlich."[24] Das vorläufig

---

[22] Süddeutsche Zeitung vom 25.5.2011: „Auftrag zum Umdenken" (Robert Probst).
[23] Korrespondenten-Meldung KOR 17303 vom 16.6.2011, 12:10:41 Uhr: „Ermittlungen gegen mutmaßl. Landshuter NS-Verbrecher eingestellt" (Tim Aßmann); Original im Besitz des Verfassers.
[24] Süddeutsche Zeitung vom 20.6.2011: „Staatsanwalt stellt Ermittlungen gegen KZ-Wächter ein" (Robert Probst).

letzte Anzeichen, dass den Ermittlern die Zeit davonlaufen könnte, ließ sich aus einer Meldung der katholischen Nachrichtenagentur KNA herauslesen, in der es hieß, die Zentrale Stelle in Ludwigsburg prüfe „erneut Akten möglicher Täter. [...] Die neuen Nachforschungen sollten dem Vorwurf entgegentreten, Demjanjuk sei nur ein Bauernopfer gewesen." Die generelle Einschätzung des Dienststellen-Leiters lautete indes:

> „Die Chancen, dass es tatsächlich zu Anklageerhebungen komme, beurteilte Schrimm als ‚sehr gering'. Dies liege an der Schwierigkeit der Beschaffung von Beweismitteln nach sieben Jahrzehnten, vor allem aber daran, dass die meisten Beschuldigten schon verstorben seien."[25]

An diesem Eingeständnis war auffällig, dass der Zitierte offenbar skeptischer denn je geworden zu sein schien, eventuell auch nach den Erfahrungen im Demjanjuk-Prozess. Vor der Abschiebung Demjanjuks hatte er sich im „Spiegel" noch mit dem Satz zitieren lassen: „Wir können noch aufklären. [...] Aber rechtskräftige Verurteilungen sind kaum noch zu erwarten."[26]

Lawrence Douglas hat das Urteil gegen John Demjanjuk als „salomonisch" bezeichnet[27]. Das bestätigte sich mit dem Tod des Verurteilten im März 2012. Denn die Verteidigung konnte nun erklären, ihr Mandant sei als freier Mann gestorben – womit die Familie Demjanjuk ein wichtiges Ziel erreicht hatte. Die Anklage konnte sich dagegen auf den symbolischen Erfolg in erster Instanz stützen und die Rechtmäßigkeit ihrer juristischen Thesen reklamieren.

Bei einer kritischen Bilanz der Hauptverhandlung werden Juristen wie Historiker jedoch kaum der Erkenntnis ausweichen können, dass der Fall Demjanjuk allzu offensichtlich die Möglichkeiten der strafrechtlichen Ahndung von NSG-Verbrechen ausreizte. Durch die Vorarbeiten der amerikanischen und der israelischen Justiz war die Beweislage zwar günstig, da das Zeitfenster der Öffnung der Archive in der ehemaligen Sowjetunion Anfang der 1990er Jahre zur Materialsuche genutzt wurde. So konnte das Münchner Gericht jenes Puzzle legen, das – nach seiner Ansicht – zu einer Verurteilung genügte. Wirklich überzeugen konnte das Aktenmaterial die Historiker jedoch nicht.

Wenn wir davon ausgehen, dass Selbstbezichtigungen ehemaliger Trawniki-Männer und Angehöriger anderer Hilfstruppen im Gefolge der Waffen-

---

[25] KNA-Meldung 11 vom 5.10.2011, 12:05:18 Uhr: „Deutsche Justiz startet neue Suche nach NS-Verbrechern".
[26] Der Spiegel vom 6.10.2008: „Das Mörder-Puzzle" (Jan Friedmann).
[27] Douglas, Ivan the Recumbent, S. 52.

SS und der Polizei fast auszuschließen sind, stellt sich die Ausgangslage für weitere Ermittlungen äußerst schwierig dar. Ebenso wenig ist noch auf Zeit- und Tatzeugen in größerer Zahl zu hoffen. Damit werden Vorermittlungen, die für eine Anklageerhebung ausreichen, jedoch praktisch unmöglich. Die Staatsanwaltschaften in Deutschland werden die Probleme ihrer Münchner Kollegen im Fall Demjanjuk beobachtet haben und könnten die Dringlichkeit der Bearbeitung weiterer NSG-Fälle angesichts des Arbeitsanfalls der Behörden herabstufen. Vor allem aber ist die biologische Grenze, Prozesse gegen ehemalige Täter zu führen, inzwischen offenkundig erreicht oder sogar überschritten. Die ständigen Einlassungen des Demjanjuk-Verteidigers Busch zur (angeblichen) Krankheit seines Mandanten und die Gutachten der Mediziner, die Verhandlungsdauer und Notwendigkeit der Gerichtstermine einschränkten, zogen das Verfahren beträchtlich in die Länge und gefährdeten zeitweise ein Vorwärtskommen. Diese Umstände wären bei einem weiteren Verfahren zu bedenken und können kaum ermutigen. Es ist also zu vermuten, dass wir beim Demjanjuk-Verfahren an der Schwelle zwischen justizieller Aufarbeitung und Historisierung der nationalsozialistischen Gewaltverbrechen standen. Zeigte der Prozess die zeitlichen Grenzen des ersten Ansatzes, so zeichnet sich die Perspektive der Historiker und der interessierten Öffentlichkeit dadurch aus, dass sie zeitlich offen ist.

Rückblickend betrachtet hat der Demjanjuk-Prozess letztlich sogar hierfür Anregungen gegeben. So führte die intensive Beschäftigung einiger Nachwuchs-Wissenschaftler und Journalisten von einem anfangs stark schematisierten Verständnis von Tätern und Opfern zu einem differenzierteren Bild des Geschehens. Dabei muss zwar betont werden, wie wenig Experten und breitere Öffentlichkeit über diese Details der Täterwirklichkeit bisher wissen, doch ergeben sich in Zukunft eventuell Möglichkeiten, die bisher nicht bestanden. Eine Konsequenz der Berichterstattung im Demjanjuk-Verfahren könnte vor allem durch ihre Differenzierung zum Ende der Beweisaufnahme dazu führen, dass das öffentliche Bewusstsein für die Forschungsprobleme stärker wird. Die Hauptverhandlung zeigte die Ambivalenz der Geschichte Demjanjuks – und damit (pars pro toto) das Dilemma vieler tausender Waffenträger des Zweiten Weltkriegs. Es ist zumindest plausibel, dass so das Verständnis für eine ganze Generation von Europäern befördert wurde. Damit hätte die anstrengende und häufig nicht befriedigende Prozessbegleitung durch die Medien letztlich einem öffentlichen Zweck gedient und ihre wichtige gesellschaftliche Aufgabe erfüllt.

Nachbemerkung

John Demjanjuk ist am 17. März 2012, zwei Wochen vor seinem 92. Geburtstag, in Bad Feilnbach gestorben. Dass eine Überschrift zu seinem Ableben lautete „Ohne Reue bis zum Tod"[1], sagt viel über das öffentliche Bild des störrischen Greises, das er durch sein Verhalten im Gerichtssaal geschaffen hatte. Sein Anwalt setzte alles in Bewegung, um eine Bestattung der sterblichen Überreste in den USA zu ermöglichen. Aber nicht nur das: Ulrich Busch versandte E-Mails an die Medien, sein Mandant sei „unverurteilt und als unschuldig geltend" gestorben[2], was eine gewagte Verkürzung der rechtlichen Situation darstellte. Sie zeigte aber, wie wichtig es für die Familie war, dass es vor dem Tod kein Revisionsverfahren mit einem rechtskräftigen Urteil gegeben hatte.

Fest steht: Das Urteil der ersten Instanz ist bei den Akten und geht insofern in die Geschichte der Strafverfolgung von mutmaßlichen Mittätern am Holocaust ein. Juristisch ist vor allem wichtig, dass sich das Landgericht auf die Argumentation der Staatsanwaltschaft einließ und auch einen Handlanger der Endlösung bestrafte. Das mochte nach traditioneller Lesart des Strafrechts revolutionär (oder ungeheuerlich) sein – für moderne Massenverbrechen öffnet es erweiterte Möglichkeiten einer Strafverfolgung.

Das alles ist in diesem Buch angesprochen worden. Der Versuch, journalistische, historische und juristische Aspekte zu verknüpfen, mag ungewöhnlich sein. Doch vielleicht vermögen gerade unkonventionelle Blickwinkel aufzuzeigen, welche Schwächen Teilmengen der Betrachtung haben und welche Entwicklungspotenziale auch das Fach Zeitgeschichte im Zeitalter der Massenmedien hat, wenn es versucht, die Denk- und Arbeitsweisen anderer Zweige der Sozialwissenschaft aufzugreifen.

Ich danke dem Redaktionsteam von „Zeitgeschichte im Gespräch" für seine Geduld mit dem ungeübten Buch-Autor. Im Journalismus gibt es die alte Sottise „Lang schreiben kann jeder". Ganz so einfach war es denn doch nicht.

---

[1] Süddeutsche Zeitung vom 19.3.2012: „Ohne Reue bis zum Tod" (Robert Probst).
[2] E-Mail von RA Busch vom 19.3.2012 an den leitenden Oberstaatsanwalt, den Präsidenten des Landgerichts München II, den Präsidenten des Oberlandesgerichts München und die bayerische Justizministerin; die E-Mail liegt dem Verfasser in Kopie vor.

Abkürzungen

AFP	Agence France-Presse
AP	Associated Press
ARD	Arbeitsgemeinschaft der öffentlich-rechtlichen Rundfunkanstalten der Bundesrepublik Deutschland
BGH	Bundesgerichtshof
BR	Bayerischer Rundfunk
dapd	Nachrichtenagentur (seit 2010, Fusion des deutschen AP-Dienstes und ddp)
ddp	Deutscher Depeschendienst
DP	Displaced Person
dpa	Deutsche Presse-Agentur
GVG	Gerichtsverfassungsgesetz
HF	Hörfunk
HR	Hessischer Rundfunk
JVA	Justizvollzugsanstalt
KGB	Komitet Gossudarstwennoi Besopasnosti (sowjetischer Geheimdienst)
KNA	Katholische Nachrichtenagentur
KZ	Konzentrationslager
NS	Nationalsozialismus, nationalsozialistisch
NSG	Nationalsozialistische Gewaltverbrechen
OSI	Office of Special Investigations
RA	Rechtsanwalt
RAF	Rote Armee Fraktion
SD	Sicherheitsdienst
SS	Schutzstaffel
StPO	Strafprozessordnung
SWR	Südwestrundfunk
SZ	Süddeutsche Zeitung
taz	tageszeitung
TU	Technische Universität
UKW	Ultrakurzwelle
US(A)	United States (of America)
WDR	Westdeutscher Rundfunk
ZDF	Zweites Deutsches Fernsehen
ZSL	Zentrale Stelle der Landesjustizverwaltungen zur Aufklärung nationalsozialistischer Verbrechen

Zeitgeschichte
im Gespräch

Band 1
Deutschland im Luftkrieg
Geschichte und Erinnerung
D. Süß (Hrsg.)
2007. 152 S. € 16,80
ISBN 978-3-486-58084-6

Band 2
Von Feldherren und Gefreiten
Zur biographischen Dimension des
Zweiten Weltkriegs
Ch. Hartmann (Hrsg.)
2008. 129 S. € 16,80
ISBN 978-3-486-58144-7

Band 3
Schleichende Entfremdung?
Deutschland und Italien nach dem
Fall der Mauer
G.E. Rusconi, Th. Schlemmer,
H. Woller (Hrsg.)
2. Aufl. 2009. 136 S. € 16,80
ISBN 978-3-486-59019-7

Band 4
Lieschen Müller wird politisch
Geschlecht, Staat und Partizipation im
20. Jahrhundert
Ch. Hikel, N. Kramer, E. Zellmer
(Hrsg.)
2009. 141 S. € 16,80
ISBN 978-3-486-58732-6

Band 5
Die Rückkehr der Arbeitslosigkeit
Die Bundesrepublik Deutschland im
europäischen Kontext 1973–1989
Th. Raithel, Th. Schlemmer (Hrsg.)
2009. 177 S. € 16,80
ISBN 978-3-486-58950-4

Band 6
Ghettorenten
Entschädigungspolitik, Rechtsprechung
und historische Forschung
J. Zarusky (Hrsg.)
2010. 131 S. € 16,80
ISBN 978-3-486-58941-2

Band 7
Hitler und England
Ein Essay zur nationalsozialistischen
Außenpolitik 1920–1940
H. Graml
2010. 124 S. € 16,80
ISBN 978-3-486-59145-3

Band 8
Soziale Ungleichheit im Sozialstaat
Die Bundesrepublik Deutschland und
Großbritannien im Vergleich
H.G. Hockerts, W. Süß (Hrsg.)
2010. 139 S. € 16,80
ISBN 978-3-486-59176-7

Band 9
Die bleiernen Jahre
Staat und Terrorismus in der
Bundesrepublik Deutschland und
Italien 1969–1982
J. Hürter, G.E. Rusconi (Hrsg.)
2010. 128 S. € 16,80
ISBN 978-3-486-59643-4

Band 10
Berlusconi an der Macht
Die Politik der italienischen Mitte-
Rechts-Regierungen in vergleichender
Perspektive
G.E. Rusconi, Th. Schlemmer,
H. Woller (Hrsg.)
2010. 164 S. € 16,80
ISBN 978-3-486-59783-7

Band 11
Der KSZE-Prozess
Vom Kalten Krieg zu einem
neuen Europa 1975–1990
H. Altrichter, H. Wentker (Hrsg.)
2011. 128 S. € 16,80
ISBN 978-3-486-59807-0

Band 12
Reform und Revolte
Politischer und gesellschaftlicher
Wandel in der Bundesrepublik
Deutschland vor und nach 1968
U. Wengst (Hrsg.)
2011. 126 S. € 16,80
ISBN 978-3-486-70404-4

Band 13
Vor dem dritten Staatsbankrott?
Der deutsche Schuldenstaat in
historischer und internationaler
Perspektive
M. Hansmann
2., durchgesehene Auflage 2012.
113 S., € 16,80
ISBN 978-3-486-71785-3

www.ingramcontent.com/pod-product-compliance
Lightning Source LLC
Chambersburg PA
CBHW061942220426
43662CB00012B/2002